성경
내러티브
읽기

Reading
Biblical
Narratives

초판 2쇄   2021. 3. 8
초판 발행   2020. 4. 15
지 은 이   강화구
발 행 인   박신웅
디 자 이 너   이현정
펴 낸 곳   대한예수교장로회 총회출판국
              서울특별시 서초구 고무래로 10-5 (반포동)
              TEL.(02)592-0986 FAX.(02)595-7821

성경 내러티브 읽기
구약성경을 중심으로

강화구 지음

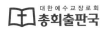
대한예수교장로회
총회출판국

Dedication

To Gayoung and Minseok

We will always love you. Remember that, when you are in difficult situations during your lives, your parents will be there to support you and constantly pray for you to glorify God and to fully enjoy Him. God loves you and will be with you at every step of the way.

추천의 글

　　모든 설교자에게 성경 내러티브를 맛깔나게 전달하고픈 열망이 있지만, 생각만큼 쉽지 않다. 신학적인 이해, 기록된 성경의 구조적인 이해 그리고 무엇보다 중요한 기독론적 이해가 함께 만나야 한다. 그래서 늘 어렵게 여겨진다. 참 놀랍게도 이 저서는 쉽다. 그러나 훅 하고 들어오는 깊이로 깜짝 놀랄 때가 한두 번이 아니다. 그러면서도 글이 참 따스하다. 구약 신학자이자 목회자인 그의 심성을 닮았다. 구약의 내러티브를 설교하고자 하는 모든 이들과 성경의 이야기를 좀 더 공감하며 읽기를 원하는 설교자와 성도들에게 주저 없이 일독을 권한다.

- 강은도 목사 (더푸른 교회)

　　성경은 하나님의 말씀이지만 사람의 언어로 기록되었고, 사람의 대화와 문학적 소통 방식을 이용하여 기록되었다. 문학적 소통 방식 중에서 성경의 많은 부분은 이야기체로 되어 있다. 그렇기 때문에 성경 말씀을 잘 이해하기 위해서는 이야기체를 통한 의사소통을 알아야한다. 강화구 박사의 성경 내러티브 읽기는 목회자들과 신학도들이 이야기체로 된 성경 말씀을 읽고 이해하는데 핵심적인 이론과 사례를 제시해 주고 있다. 성경의 1/3 이상이 이야기체라는 것을 고려하면, 이 책이 얼마나 큰 도움이 될지 충분히 예상할 수 있을 것이다.

- 기동연 교수 (고려신학대학원, 구약학)

강화구 박사님의 『성경내러티브 읽기』 출판은 나에게나 한국 교회에 정말 반가운 사건이다. 구약 성경의 많은 부분이 내러티브로 구성되어 있음에도 국내 저자가 쓴 내러티브를 읽는 방식에 대한 적절한 안내서가 없었기 때문이다. 내러티브 본문을 설교하는 목회자들과 독자들은 강박사님이 쓴 바로 이런 책을 기대해 왔다. 본서의 내용을 훑어보면서 나는 속이 뻥 뚫리는 기분을 느낀다. 아, 성경의 역사를 전개하는 이야기들을 이런 식으로 읽으면 정말 제대로, 재미있게, 풍성하게 읽을 수 있겠다는 확신이 들었다. 설교자들이 본서가 소개하는 내러티브의 기법들에 익숙해진다면 훨씬 더 정확하게 본문을 해석하고 더 풍성하게 하나님의 뜻을 전할 수 있을 것이다.

성경 독자들이 본서가 소개하는 내러티브 읽기 방법에 익숙해지면, 성령께서 성경의 저자들을 사용하셔서 얼마나 치밀하고 분명하게 하나님의 뜻을 전달하고자 했는지 깨닫게 될 것이다. 성경 내러티브 안에 숨어있는 귀한 보물들-화자의 관점, 대화, 반복, 배경적 정보, 등장인물 등-을 캐어내면서 성경 저자들이 전달하고자 하는 풍성한 뜻을 발견하게 될 것이다. 나는 이 책을 내 강의 시간에 사용할 것이며 학생들에게 적극적으로 추천할 것이다.

– 김성수 교수(고려신학대학원, 구약학)

교회를 가리켜 "기억공동체"라는 말을 들어보셨을 겁니다. 무엇을 기억한다는 말입니까? 그들이 공유하고 있는 이야기(shared story)를 기억한다는 뜻입니다. 그 이야기를 통해 자신들의 정체성을 확인하고 후대에 그 이야기를 전수하고, 그 이야기 안에서 비전을 공유(shared vision)하게 됩니다. 이렇게 하여 교회는 "이야기 공동체"라는 명칭을 얻게 된 것입니다.

최근 들어와 교회는 다시금 "이야기"에 대한 새로운 이해와 중요성을 깨닫게 되었습니다. 일명 "내러티브"라 부르는 줄거리가 담긴 이야기 말입니다. 물론 성경은 이런 내러티브들로 가득 차있지만 오랫동안 내러티브의 중요성은 평가 절하되어 왔습니다. 진리를 전달하는 여러 방법 중에 하급 수단 정도로 여겨져 왔습니다. 그러나 최근에 강단이든지 교회학교든지 성서학계에서도, 내러티브는 이스라엘 속에서 일하시는 하나님의 구원 역사(구약)와 예수 그리스도에 대한 복음(신약)을 가장 독특하고 생동감 있게 전달하는 매개체로 그 위치를 인정받게 되었습니다.

특히 구약의 내러티브는 정교하게 구성된 줄거리가 담긴 이야기입니다. 통계적으로 봐도 구약과 신약의 절반가량이 내러티브입니다. 구약의 경우는 더욱 그렇습니다. 창조이야기로부터, 족장들 이야기, 출애굽 이야기, 광야유랑 이야기, 약속의 땅 정착이야기, 왕국의 성장 이야기, 왕국의 몰락 이야기, 바벨론 강제 유배 이야기, 귀환 이야기 등등 구약은 거대하고 일관된 내러티브입니다.

　　문제는 내러티브를 어떻게 읽는지에 있습니다. 정교하게 구성된 이야기이기에 읽는 방법이 필요할 것입니다. 더욱이 고대 히브리인들의 문학적 인습을 알지 못하고 그냥 덮어놓고 읽는 경우 낭패를 볼 수 있습니다. 그럼 우리의 도움은 어디서 올까요? 두루 살펴보는 순간 마침내 도움이 될 만한 소중한 안내서가 나타났습니다. 구약 내러티브를 쓰고 있는 히브리인들의 기예(技藝)를 수년간 연구한 학자의 손에서 나왔으니 무엇보다 믿고 신뢰할 만합니다. 창세기 내러티브 연구로 박사학위를 취득한 강화구 박사의 책입니다.

　　책의 서두부터 저자는 독자들에게 도발적 질문을 던집니다. "하나님은 왜 우리에게 내러티브를 주셨을까?"하는 물음입니다. 이를 시발점으로 강 박사는 올바른 구약 내러티브 해석을 위한 모든 방법과 절차를 조곤조곤 이야기하듯이 안내해줍니다. 책 전체가 일종의 내러티브적 전개입니다. 단순히 이론의 나열이 아니라 실제적으로 창세기의 내러티브를 예로 삼아 내러티브 해석의 방법과 과정과 묘미를 맛보게 해줍니다.

　　한편 다루고 있는 내러티브 해석 이론에 등장하는 전문용어들이 있습니다. "내러티브 흐름" "연대기 시간과 서술적 시간" "내러티브 안에서의 전경과 배경" "내러티브 안에서의 회상과 전조" "전형 장면" "등장인물" "내레이터의 관점" "내적·외적 배경" 등입니다. 이런 용어들에 대한 두려움은 없어도 됩니다. 아주 자세하고 쉽게 설명해주기 때문입니다. 물 흐르는 듯한 설명의 유려한 전개는 딱딱한 학술서적에서는 맛볼 수 없는 별미입니다. 아마 학자이면서 목회자로서의 소양이 물씬 배어있기 때문이라 생각합니다. 어려운 내용을 쉽게 전달하고 가르치는 게 학자적 목회자의 필수 요건이 아닌가 생각됩니다.

큰 틀에서 볼 때 이 책에서 제시하는 구약의 내러티브 해석 방법은 신약의 내러티브 해석에도 무리 없이 적용될 수 있을 것입니다. 또한 구약과 함께 신약을 정경으로 받아들이는 그리스도인과 목회자와 설교자들에게 구약 내러티브를 그리스도 중심적으로, 혹은 그리스도 완결적으로 읽고 해석하고 선포하는 일은 마땅하리라 생각합니다. 이 점을 놓치지 않고 책의 마지막 장들을 "그리스도 중심적으로 선포하기"와 "독자의 책임과 의무"를 다룬 것은 매우 현명하고 속 깊은 결정이었다고 생각합니다.

이 책을 통하여 성경의 내러티브를 설교하는 모든 목회자들과 설교자들에게 큰 유익이 있으리라 믿습니다. 성경을 보고 읽는 눈이 새로워질 것입니다. 어려울 수 있는 내용을 이해하기 쉽게 풀어주었기에 가독성이 좋습니다. 목회자들과 설교자들, 신학생뿐 아니라 일반 교인들에게도 마음을 다해 추천합니다.

- 류호준 목사 | 백석대학교 신학대학원 구약학 교수 (은퇴)

크리스천은 성경 가운데 내러티브 본문에 대체로 익숙하다. 그래서인지 우리는 내러티브를 습관을 따라, 피상적으로, 대충 읽어 오지 않았는가? 강화구박사는 성경 내러티브 안의 세계를 우리가 즐겁게 여행하도록 친절하면서도 전문적으로 안내한다. 이 책은 내러티브를 정확하고 자세히 그리고 생동감 있게 읽는 원칙과 방법 그리고 적절한 실례를 훌륭하게 보여준다. 더 나아가 저자는 내러티브에 담긴 신학적 메시지를 예수 그리스도를 중심으로 설교할 수 있는 길도 제시한다. 이 책을 접하는 모든 이들이 내러티브의 묘미와 힘을 맛보리라 믿고 기꺼이 추천한다. 이 책은 훌륭한 이야기꾼의 신뢰할 수 있는 내러티브이다.

- 송영목 교수 (고신대학교 신약학)

구조주의 이후에 등장한 '내러티브 비평'은 이야기체로 기록된 성경본문을 입체적으로 현장감있게 이해하도록 돕는 장점이 있습니다. 그러나 그 이론은 복잡하기도 하고 상상에 의해서 설정된 내재된 독자의 관점에서 본문을 본다는 것은 실제 독자가 갖는 또 하나의 어려움이 될 것입니다.

그러나 강화구 박사의 『성경 내러티브 읽기』는 내러티브 비평이 가져다주는 모든 어려움을 해소시키기에 충분합니다. 그가 설명하는 내러티브의 다양한 장치를 이해하면 독자는 이야기의 진행을 보다 체계적으로 분석할 수 있는 분별력을 갖게 될 것입니다. 저자가 제시하는 내러티브의 장치는 난해한 이론이 아니고 내러티브를 이해하는데 꼭 필요한 실제적인 지침입니다. 이 책은 그냥 읽기만 해도 그 방법의 내용과 활용법을 알 수 있도록 구성되었습니다. 여기서 저자는 독자의 문학적인 분석을 돕는데 그치는 것이 아니라 신학적인 접근방법을 제시함으로써 그 방법론의 한계를 극복하도록 도와줍니다.

이 책은 내가 단숨에 읽을 정도로 쉽고, 재미있고, 유익합니다. 『성경 내러티브 읽기』는 성경의 역사적 이야기를 생동감 있게 이해하고자 하는 자는 누구든지 반드시 알아야 할 내용으로 가득 차 있습니다. 먼저 말씀을 바르고 역동적으로 선포하기를 원하는 설교자에게, 또한 말씀을 기반으로 성숙을 지향하는 모든 성도에게 숙독을 권합니다.

- 신득일 교수 (고신대학교 구약학)

성경의 깊은 의미들을 제대로 캐내기 위해서는 본문에 대한 문헌학적, 역사적, 문예적, 신학적 접근이 모두 필요하다. 성경 내러티브를 설명하는 이 책은 이러한 접근법들이 어떻게 유기적으로 연결되는지 매우 실제적으로 보여준다. 내러티브의 '알파'부터 '오메가'까지 다 섭렵해서 다루는 신학서적이지만 마치 소설처럼 술술 읽히는 매력이 있다. 한 장(章) 한 장이 너무나도 신선하고 흥미진진하다. 읽다보면 다음

장이 궁금해서 계속 책장을 넘기게 된다. 특별히 창세기의 예들을 많이 가져와서 설명하는데, '그 부분에 그런 의미가 숨어 있었어?'하면서 무릎을 탁 친 적이 한 두 번이 아니다. 이렇게 재밌게 읽히는 신학책도 드물 것이다. 이 책을 한번 읽고 나니 성경이 훨씬 더 입체적으로 와 닿는다. 당장에 성경이 더욱 읽고 싶어진다. 설교자들과 성경을 사랑하는 일반 성도들 모두에게 유익한 책이다. 이제 드디어 우리에게 성경 내러티브의 멋과 맛을 제대로 음미하게 해 주는 책이 주어졌다!

- 우병훈 교수(고신대학교 교의학)

오늘날 한국 교회의 가장 큰 문제점은 성경을 자기 소견에 옳은 대로 읽는 것이라고 할 수 있습니다. 그러다 보니 소경이 소경을 인도하는 경우가 많고 심지어 이단으로 빠지는 경우가 많습니다. 강화구 박사님의 『성경 내러티브 읽기』는 성경을 어떻게 읽어야 하는가에 대한 탁월한 안내서입니다. 특히 성경의 상당 부분을 차지하고 있는 내러티브 본문을 독자들이 제대로 읽도록 정확하게 안내하고 있습니다. 이 책의 가장 큰 장점은 어려운 해석학적/주석적 개념들을 성경 본문의 예를 가지고 쉽게 해설하였다는 것입니다. 그렇기 때문에 신학을 전공하지 않은 성도들도 정독을 하면 잘 이해할 수가 있습니다. 물론 이 책은 내러티브 본문을 설교하는 분들에게 가장 큰 도움을 줍니다. 본문을 다룰 때 무엇을 고려해야 하는지, 어떤 점에 유의해야 하는지, 그리고 주제를 어떻게 이끌어 낼 것인지를 잘 가르쳐 주고 있습니다. 이 책을 잘 이해한 다음 성경을 보고 설교를 준비한다면 자기도 모르게 성장한 모습을 느낄 수 있을 것입니다.

- 이성호 교수 (고려신학대학원 역사신학)

필자는 "서신서나 선지서만 설교하면 지루할 수 있으니 이번에는 이야기 본문으로 설교하자."는 마음을 먹고 성경의 내러티브 본문을 설교했다가 애를 먹은 적이 많다. 내러티브 본문은 이해하기 쉽고 잘 읽히긴 하지만, 본문을 통해 저자의 의도를 밝히고 복음적 메시지를 전달한다는 것은 내러티브라는 장르를 섬세하게 이해하지 않으면 불가능하기 때문이다. 이 책은 내러티브 장르를 섬세하고 깊이 있게 이해할 수 있는 여러 도구를 제공하는데, 특별히 성경의 여러 본문들을 예시로 들어 해설함으로 이해하기 쉽도록 우리를 돕는다. 설교자라면 내러티브 본문을 이해하고 적용하는데 아주 좋은 통찰을 많이 배울 수 있을 것이고, 성도들 역시 성경(특히 구약성경) 읽기를 더 풍성하게 누리며 할 수 있을 것이다. 최근에 나는 에스더 설교를 끝냈는데, 설교를 시작하기 전에 이 책을 읽었더라면 얼마나 좋았을까 하는 생각이 든다!

- 이정규목사 (시광교회)

본서는 하나님의 교훈과 메시지를 담아내기에 아주 훌륭한 문학적 도구인 내러티브에 관한 포괄적인 시각과 면밀한 연구를 통해 구약성경을 읽어낸 탁월한 입문서다.

사실 창조 내러티브로 시작하여 새 하늘과 새 땅이 하늘에서 내려오는 내러티브로 대미를 장식하는 구-신약 성경 전체는 메타 내러티브(Meta-Narrative, 혹은 거대 담론)로 기록되어 있다. 이 메타 내러티브인 성경이 다양한 장르를 사용해서 의도한 바대로 메시지와 신학적 의미를 정확하게 읽어내는 일이, 성경의 독자들인 우리가 그것을 읽고 해석하는 근본적인 목적이라는 저자의 주장은 더할 나위 없이 설득력있게 다가온다. 이 성경 내러티브를 본래의 목적과 의도에 발맞추어 "뜯고 씹고 맛보고 즐긴다면" - 즉 제대로 읽고 해석해 낸다면 - 역사의 벽을 뚫고 우리에게 다가오시는 하나님의 장엄한 임재는 물론 그분의 다정다감한 목소리도 선명하게 느낄 수 있을 것이다.

흥미와 서스펜스 그리고 충격과 놀라움과 같은 반응이 동반될 것임은 두말하면 잔소리다. 교회의 강단에 서는 이들은 물론이거니와 성경 내러티브를 본래의 저작 목적과 의도에 맞게 읽고 묵상하며 삶으로 살아내려는 모든 이들에게 강력히 추천한다

- 주현규 (백석대학교 신학대학원 구약학)

우리는 모르는 것이 참 많습니다. 모른다는 것을 모르는 것은 더 심각한 일입니다. 강화구 목사님의 <성경 내러티브 읽기>는 성경에 대한 우리의 무지와 그 무지에 대한 무지를 깨우치는 책입니다. 저는 읽으면서 저자의 학자적인 전문성과 목회자적 따뜻함과 작가적인 필력에 감동을 했습니다. 그리고 일독의 유익을 나누자면 다음과 같습니다.

무엇보다, 이 책을 읽으면 성경을 더욱 사랑하는 마음이 생깁니다. 성경의 각 권들이 가진 장르와 구성과 문체와 표현과 단어가 때때로 독자에게 낯설어도 저자의 깊은 의도와 배려가 있다는 확신을 갖습니다. 나의 생각이 아니라 성경의 내용과 스타일에 나를 맞추고 존중하면 놀라운 지성과 문학성도 얻을 것입니다. 이 책은 이것을 돕습니다.

둘째, 성경을 촘촘하고 깊이 있게 그러나 넓게 읽는 안목이 생깁니다. 저자는 우리가 익숙해서 안다고 생각한 대목의 넓은 배경과 숨은 디테일과 문학적 기법을 가지고 배움의 밥상을 차립니다. 독자는 지적인 포만감과 함께, 성경이 다른 어떤 장르의 문학보다 더 놀라운 기법으로 쓰여진 책이라는 사실에 대해서도 감동을 받습니다.

셋째, 성경 이해와 설교 준비에 유익을 얻습니다. 저자는 창세기를 중심으로 성경의 네러티브 읽기의 진수를 전합니다. 저도 창세기를 많이 읽었지만 세겜과 야곱의 아들들이 협상하는 중에도 야곱의 딸 디나가 그녀를 성폭행한 세겜의 집에 감금되어 있었다는 사실을 미처 몰랐는데 정보의 점진적인 공개 기법을 통해 이해를 했습니다. 이 책은 독자로 하여금 성경의 정확한 읽기와 그것에 기반한 설교의 작성에 더욱 심혈을 기울이게 만듭니다.

넷째, 이 책에서 저자의 설명은 친절하고 편안하고 쉽습니다. 그래서 목회자가 아닌 성도에게 성경의 다양한 해석들과 다양한 설교들을 분별하는 안목도 제공하는 책입니다. 무수히 많은 강해서와 인터넷 설교의 홍수 시대에 성도께서 좋은 책과 좋은 설교를 분별하면 저자와 설교자가 성경을 함부로 해석하고 설교하는 일도 억제될 것입니다.

다섯째, 성경을 하나님의 말씀으로 인정하고 저자이신 성령의 가르침을 받아야 한다는 성경관과 배움의 자세가 참 좋습니다. 성경과 성령, 이 두 기둥이 조화롭게 세워지지 않으면 신학이든 신앙이든 무너질 수밖에 없습니다. 자유주의 혹은 신비주의 사상으로 빠집니다. 그런데 저자는 나의 지식보다 성경 텍스트를 앞세우고 나의 판단보다 성령의 가르침을 따릅니다.

사랑하는 친구요 존경하는 동역자인 강화구 목사님의 『성경 내러티브 읽기』는 이 분야에 대한 범교회적 인식의 전환을 가져올 책입니다. 많이 읽혀져서 성경을 더 사랑하고 더 잘 이해하고 더 잘 배우고 익히는 안내서가 되기를 진심으로 바라며 적극적인 추천을 드립니다.

- 한병수 교수 (전주대 교의학)

성경 내러티브에 대한 책들이 일반적으로 학문적 주장과 논의에 중점을 두고 있지만, 강화구 박사의 책 '내러티브 읽기'는 어려운 학문적인 논의를 피하면서 성경 내러티브의 핵심을 잘 드러내고 안내하고 있다. 창세기를 중심으로 각각의 내러티브를 어떻게 나누어야 하는지, 독자가 빠질 수 있는 오류는 무엇인지, 어떻게 그런 오류를 피할 수 있는지, 그리고 그리스도 중심적인 설교를 할 수 있는 길은 어떠한지 등을 이 책을 통해 쉽고 명확하게 이해할 수 있다는 점에서 설교자들에게도 큰 유익이 된다. 이 책은 성경을 사랑하고 깊이 묵상하고자 하는 신자들과 설교자들에게 성경을 공부하고 깨닫는 큰 즐거움을 안겨 줄 것으로 확신한다

- 신원하 (고려신학대학원 원장)

목차

서론

하나님은 왜 우리에게 내러티브*를 주셨을까?

인류는 고대로부터 내러티브를 좋아했습니다. 고대사회부터 지금까지 모든 시대 사람들은 자기들만의 삶의 애환을 내러티브라는 장르에 담아 두었고, 내러티브를 통해 사람들은 웃고 울기도 했습니다. 내러티브 속에 공동체가 전달하고자 했던 교훈을 담아 후세대에 전달했습니다. 일례로, 저작연도가 주전 2100년대까지 거슬러 올라가는 길가메시 서사시는 그 고대성에 놀랄 뿐만 아니라 줄거리와 구성의 정교함과 완성도에 있어서도 실로 놀라운 작품입니다. 무려 12개의 토판에다 담길 만큼 방대한 양을 통일된 내러티브로 담았습니다. 길가메시 서사시를 통해 그 당시 사람들의 세계관을 엿볼 수도 있고, 그들이 소망했던 바램과, 다음 세대에 전수하고 싶었던 교훈도 배울 수 있습니다. 한

---

* '이야기' 혹은 '내러티브'라는 표현은 유사한 의미로 사용된다. 보통은 '이야기'가 더 넓은 의미인데, '내러티브'는 특정한 방식으로 '이야기'를 서술한 문학 장치라는 의미를 더 가진다.

국에서도 내러티브는 가장 큰 사랑을 받아온 장르 중 하나입니다. 건국 설화로부터 고대 소설에 이르기까지 수많은 내러티브들이 그 시대의 생활상과 사상을 후대에까지 전달합니다. 최초의 한문 소설로 알려진 김시습의 금오신화, 한글 소설인 허균의 홍길동전, 김만중의 구운몽 등은 15세기 이후의 작품이지만, 순전히 새로운 형태의 소설로 인식되었을 것입니다. 이 때부터 19세기까지 출판된 것으로 알려진 고대 소설만 해도 600종이 넘습니다. 오늘날은 거의 무한대로 내러티브가 생산되고 있는 시대이기도 합니다. 가히 모든 시대 대부분의 사람들이 내러티브를 사랑했고, 사람들은 내러티브 장르를 통해 자신들의 시대와 후대 세대들과 소통하는 법을 알고 있었습니다.

내러티브는 또한 저자가 자신의 의도를 전달하기 위해 사용할 수 있는 매우 강력한 수단이 되기도 합니다. 우선 메시지를 전달하는데 내러티브 장르는 아주 적합합니다. 성경 말씀이 독자들에게 메시지를 전달하고 설득하는 것에 일차적인 목적이 있다고 한다면, 내러티브 장르야말로 설득을 위한 최고의 방법입니다. 성경에 다른 이들을 설득하는 장치로 내러티브 장르가 이미 사용되고 있음을 봅니다. 창세기 44장 14-34절은 창세기에서 가장 긴 연설을 포함하고 있는데 이 본문은 유다가 애굽의 총리로 있는 요셉을 설득하는 대목입니다. 베냐민을 잃을 수 있는 절체절명의 순간 유다는 가족의 사연을 진솔하게 함으로 요셉의 마음을 움직였고, 유다의 설득은 성공적이었습니다. 사사기 9장은 아비멜렉의 학살로부터 겨우 살아남은 요담이 아비멜렉의 죄악을 내러티브 장르 중 비유로 폭로합니다. 나단 선지자가 다윗의 죄악을 폭로할 때도, 다윗 왕의 군대 장관 요압이 다윗을 설득해 압살롬을 다시 돌아오게 할 때도 마찬가지 입니다. 그러므로 우리가 하나님의 말씀을 들을 뿐만 아니라, 제대로 전하고 쉽게 이해시키기 위해 내러티브의 특징을 아는 것은 아주 강력한 도구가 될 수 있습니다.

또한 이 시대가 내러티브를 더욱 요청하고 있기 때문입니다. 현대를 살아가는 사람들은 넘쳐나는 내러티브 장르 속에서 살아가고 있습니다. 텔레비전에서는 아침부터 밤늦은 시간까지 드라마가 방영되고 있습니다. 요즘은 종이책이 퇴조를 겪고 있다고 하지만, 종이책이든 전자책이든 상관없이 사람들은 여전히 소설 읽기를 즐깁니다. 부모는 자녀들이 어릴 때부터 잠자리에 들기전이든, 놀이 시간이든 내러티브를 전합니다. 일년 내내 영상화한 내러티브를 상영하는 영화관은 쉴 줄을 모릅니다. 이처럼 내러티브는 단순한 하나의 문학 장르가 아니라, 인간의 삶 자체와 연결되어 있기 때문에 삶을 나누고, 변화시키는데 있어서 아주 강력한 무기가 됩니다. 설교를 듣는 성도들 혹은 성경을 읽는 독자들은 이런 환경에 노출되어 있기 때문에, 오늘날 내러티브의 중요성은 아무리 강조해도 지나치지 않을 것입니다.

이제 성경 내러티브를 시작해 보겠습니다. 성경에도 수많은 내러티브들이 존재합니다. 기록된 계시의 말씀이 자주 내러티브로 전해졌고, 그 내러티브들은 수천 년이 지난 지금까지 사랑받고 있으며, 다양한 매체를 통해 반복 및 재생산되고 있습니다. 예수님의 탄생 내러티브로 시작해 주일학교 시절부터 들어왔던 아브라함, 이삭, 그리고 야곱 이야기, 형제들의 미움을 받아 이집트에 노예로 팔려갔다가 총리가 되어 온 가족들을 구원한 요셉 이야기, 이스라엘 민족을 이집트에서 인도하여 낸 모세 이야기, 광야 생활과 불뱀 이야기, 하늘로부터 내리던함 만나와 메추라기, 여호수아와 여리고성 함락 이야기, 왼손잡이 사사 에훗과 여사사 드보라, 기드온의 300 용사, 힘센 사사 삼손과 들릴라 이야기, 다윗과 골리앗 이야기, 선지자 엘리야와 엘리사 이야기, 물고기 뱃

속에서 기도했던 요나 선지자, 다니엘과 세 친구, 그리고 사자굴 이야기 등 일일이 열거하기 어려울 정도로 다양한 진리의 말씀이 내러티브라는 장르에 담겨서 우리에게 전달되었습니다. 이런 내러티브들을 차치하고서라도 성경 전체가 하나의 내러티브책이라는 사실에는 의심의 여지가 없습니다. 단 한 문장으로도 내러티브는 구성될 수 있지만, 또한 가장 넓은 의미에서 구약과 신약 전체도 하나의 내러티브로 구성됩니다. 창세기 1-2장은 하나님께서 하늘과 땅을 창조하신 내러티브로 시작하는데, 요한 계시록 21-22장은 새하늘과 새 땅에 대한 내러티브로 마칩니다. 태초의 에덴 동산 내러티브는 발전에 발전을 거듭하여 하늘의 새 예루살렘 내러티브로 마칩니다. 이런 점에서 성경 전체는 하나의 장대한 내러티브와도 같습니다.

　　　장르로서의 내러티브가 중심이 된 성경은 창세기로부터 에스더서까지 이어집니다. 거기에 이사야서, 요나서, 그리고 다니엘서처럼 내러티브를 포함하고 있는 선지서들도 있습니다. 신약 성경으로 가면 예수님의 행적을 담은 복음서와 사도행전 등도 포함시킬 수 있습니다. 성경의 약 40% 정도, 신약 성경만으로 한정하면 50% 정도가 내러티브로 기록되어 있다는 사실은 놀라운 일이 아닙니다. 하나님은 진리의 말씀을 통해 당신의 백성들과 소통하기를 원하셨는데, 가장 훌륭한 소통 방식으로 내러티브라는 장르를 선택하셨다는 뜻입니다. 심지어 우리가 일반적으로 "율법 (Law)"이라고 부르는 모세의 오경에서도 내러티브 형식의 글이 약 45%는 됩니다. 그런 점에서 모세 오경을 지칭하는 "토라 (Torah)"라는 히브리어 단어를 단순히 율법이라고 번역하는 것은 문제가 될 수도 있습니다. 원래 토라라는 히브리어 단어의 뜻은 단순한 법전으로서의 율법이 아니라, 교훈 혹은 가르침의 의미를 더 갖고 있습니다. 그러니 하나님께서 당신의 백성에게 하나님 백성의 삶을 가르치고자 하셨을 때 법전과 같은 딱딱한 법률적 언어가 아니라, 흥미로운 내러티브 장르에 당신의 뜻을 담아두셨다는 사실은 어쩌면 당연한 결론이라 생각합니다.

예수님께서도 탁월한 이야기꾼이셨습니다. 예수님은 당신의 메시지를 내러티브 속에 담아두기를 기뻐하셨습니다. 예수님께서 전하신 수많은 가르침이 비유 등으로 남아 있는 것은 특별한 일이 아닙니다. 하나님께서 자기 백성을 돌보신다는 말을 밋밋하게 선언하시기보다는, 공중의 나는 새와 들에 핀 꽃을 보여주시며, 내러티브로 전달하셨습니다. 하나님의 백성은 마땅히 이웃을 사랑해야 한다는 말씀을 전하기 위해 사마리아인 비유를 들어서 설명하셨고, 내일 일을 모른 채 이 땅에서 천 년 만 년 살 것처럼 생각하는 어리석음을 경고하시기 위해 어리석은 부자의 비유를 해주셨습니다. 이처럼 내러티브는 성경에서 하나님의 뜻을 사람들에게 전달하는데 가장 적절한 방식 중의 하나였습니다.

성경이 내러티브를 그렇게 많이 포함하고 있다면, 성경을 읽는 독자들은 내러티브를 잘 읽으려는 노력을 기울이는 것이 마땅합니다. 내러티브 장르를 잘 이해해야 성경 내러티브 속에 드러난 하나님의 뜻을 보다 분명하고 생생하게 이해할 수 있기 때문입니다. 물론 이것은 내러티브 장르만의 문제가 아닙니다. 성경의 시는 시라는 장르를 이해하고 읽어야 하고, 선지서는 예언서의 독특한 특징을 이해할 때 보다 분명한 메시지를 얻을 수 있는 것은 분명합니다.

사람들은 보통 자연스럽게 장르를 구별합니다. 일상생활에서도 나타나는 현상입니다. 가령, 컴퓨터 파일을 저장할 때 파일의 내용이나 특성에 따라 폴더를 따로 나눠서 저장합니다. 우편함에서 메일을 꺼내자마자 자연스럽게 메일의 성격과 수신 대상을 구별해 냅니다. 글을 읽을 때도 마찬가집니다. 글을 읽을 때 독자들은 처음부터 그것이 시인지 소설인지 구별합니다. 소설이라면 그것이 역사 소설인지 판타지 소설인지 구별합니다. 시를 소설처럼 읽거나, 반대로 소설을 시로 읽는 일은 없습니다. 요즘 말로 하면 이런 경우가 '농담을 다큐로' 받는 상황입니다. 그런데 의외로 많은 이들이 성경의 장르에 크게 주목하지 않은 채 그냥 처음부터 끝까지 읽어가는 경향이 있습니다. 사실 시나 소설의 경우 처음 보는 순간 기술하는 양식 자체에서 이미 구별되는데, 안타깝게도 시중에 판매되는 성경책은 양식면에서 시나 소설이 잘 구별되지 않습니다. 따옴표를 쓰지 않아서 그것이 대화인지 서술인지도 제대로 구별되지 않습니다. 그래서 성경의 독자들은 시를 읽을 때도, 대화를 읽을 때도 같은 태도로 읽습니다. 그러다보니, 각 장르가 가지는 특징이나 생생함은 어디론가 사라지고 맙니다. 때로는 내러티브 장르를 읽는 기본적 소양을 갖추지 못함으로 성경을 오독하거나 남용하는 경우도 봅니다. 그러니 내러티브로 구성된 하나님의 말씀을 잘 묵상하고 살아내기 위해서 우리는 내러티브를 읽는 방법에 좀 더 익숙해질 필요가 있습니다.

내러티브는 내러티브 장르만이 가지는 특성이 있습니다. 시와는 달리 내러티브는 특정한 시간과 장소를 담은 배경, 내러티브의 흐름 (구성), 등장인물 등이 매우 중요합니다. 이 세 가지가 일반적으로 내러티브의 3요소로 인정됩니다. 또한 성경 내러티브는 그 자체로서 현대인들의 관점과는 다른 특징들도 가지고 있습니다. 바로 이 지점에서 제가 이 책을 쓰고자 한 동기가 되었습니다. 여러 차례 성경 내러티브를 주제로 강연을 하다 보니 생각보다 많은 이들이 내러티브의 기본 패턴과 주목하거나 주의해야 할 사항들에 대해 무지하다는 것을 느꼈고, 무엇보다도 성경 내러티브의 몇몇 기법들에 상당한 관심을 표하는 사람들

이 많았습니다. 이 책은 성경 내러티브 장르에 대한 전문적인 연구서
는 아닙니다. 전문적으로 너무나 잘 쓰여진 책들은 꽤 많이 있습니다.
특별히 로버트 알터 (Robert Alter)가 1981년도에 출판한 [성서의 내러티
브 기술] (아모르문디 출판사, 2015)이라는 책은 기념비적인 책이라 할 수 있
습니다. 그 외에도 리차드 프랫의 [구약의 내러티브 해석] (CLC, 2010), 시
몬 바르-에프랏 (Shimon Bar-Efrat)의 *Narrative Art in the Bible*, 아델 베를
린 (Adele Berlin)의 *Poetics and Interpretation of Biblical Narrative*, 포켈만
(Fokkelman)의 *Reading Biblical Narrative*와 *Narrative Art in Genesis*, 마
이어 스턴버그 (Meir Sternberg)의 *Poetics of Biblical Narrative* 등은 성경
내러티브 장르 연구를 위해 대단히 중요하고도 유익한 책들입니다. 하
지만 보통 성도들이 읽기에는 분량이 지나치게 많거나 다소 어려운 감
도 있습니다. 그렇게 전문적인 접근보다는 이 책을 통해 일반 성도들이
나 설교자들이 성경을 보다 생동감있게 이해하고 성경 내러티브를 읽
는 즐거움을 더하게 하는 것을 목표로 했습니다. 그 때문에 철학적, 이
론적인 요소들은 거의 다루지 않았습니다. 만일 이런 부분에 공부가
필요하신 분들은 앞에서 언급한 책들을 탐독하기를 권합니다. 이 책에
서는 보다 실질적인 내러티브를 많이 담아 내려고 노력했습니다. 이 책
에서 예로 언급되는 대부분의 내용들은 창세기 본문에 한정하려고 노
력했습니다. 그러나 같은 관점을 가지고 성경의 다른 내러티브 본문을
분석해도 아무런 문제가 없을 것입니다.

　　동일한 이유 때문에 이 책은 히브리어 사용을 지양하고 있습니
다. 그럼에도 불구하고 구약 성경 말씀을 제대로 이해하는데 있어서 히
브리어의 중요성은 아무리 강조해도 지나치지 않습니다. 히브리어만의
독특한 특징들이 있기 때문에 한글로 제대로 번역하는 것은 사실 쉽지
않습니다. 현대의 독자들은 이를 잘 인식하고 있기에 독일의 한 철학자

가 말했던 '번역은 반역'이라는 표현이 일반 대중에게까지 익숙한 표현으로 자리잡게 된 것이라 생각합니다. 물론 이 표현에 대한 변론은 다양한 방식으로 주어지기도 했지만, 최소한 다른 언어로 번역하는 것 자체가 소위 1:1로 의미를 제대로 전달하지 못한다는 것은 부인할 수 없는 사실입니다. 그러므로 혹 좀 더 진지하게 성경 내러티브를 읽어가고 싶은 분들이라면 히브리어 기초 문법과 구문에 대한 이해도를 높일 것을 권합니다. 요즘은 훌륭한 소프트웨어들이 존재하기 때문에 이를 잘 활용하는 것도 시간을 절약하는 길이 될 것입니다. 그런 여건이 아니더라 할지라도 한글 성경 자체가 가지고 있는 문학적 특징들을 읽어내는 실력을 키우신다면 그 또한 좋은 일입니다. 모든 사람들이 히브리어와 헬라어에 능통한 신학자가 되어야 하는 일은 아니기 때문이지요. 사실 그러기 위해서는 성경을 최대한 천천히 그리고 자세히 읽어가는 습관을 들여야 합니다. 한국 교회는 자주 다독을 강조하는 경향이 있습니다. 다독의 중요성도 간과할 수 없지만, 다독을 목표로 하다 보면 성경 내러티브 본문이 세심하게 던져주는 뉘앙스나 배경을 쉽게 놓치고 결과적으로 저자의 의도에서 멀어진 적용을 하는 오류에 쉽게 빠질 수도 있습니다. 성경을 읽고 적용할 때도, 보통은 들어왔던 내용, 아는 내용만큼만 보이고 묵상하기 때문에 성경을 여러 차례 읽는다고 해서 성경에 대한 지식과 이해가 정비례해서 자란다고 말하기는 어려울 것입니다.

　　아무쪼록 이 작은 책이 성경 특별히 성경 내러티브 장르를 더 잘 이해하고 싶어 하는 독자들에게 재미있고 유익한 출발점을 제공할 수 있기를 바랍니다.

001

내러티브의 시작과 끝

001

내러티브의 시작과 끝

　　도대체 내러티브는 어디서 시작하고 어디서 마치나요? 이것이 성경 내러티브를 읽을 때 가장 먼저 마주해야 할 질문입니다. 사실 성경 내러티브의 시작과 끝을 정확히 판단하는 일은 생각보다 어려운 일입니다. 만일 우리가 성경 내러티브로 설교하거나, 큐티하기 위해 본문의 범위를 정해야 할 상황이라면 어디서 시작하고 어디서 마칠지를 아는 것은 더욱 중요해집니다. 설교자들이 내러티브 본문을 설교할 때 내러티브의 흐름을 따르지 않고 아무렇게나 설교 본문을 정하는 경우들을 가끔 봅니다. 물론 설교자가 특정한 목적을 가지고 줄거리나 흐름과 상관없이 한 두 구절만 읽고 설교할 수는 있습니다. 하지만, 내러티브 단락을 설교하면서 내러티브의 흐름을 따르지 않는 경우라면 마치 두 장짜리 연애편지를 받은 사람이 한 장을 먼저 읽고 덮어 두었다가 그 다음 기회가 될 때 두 번째 장을 읽는 것과 비슷한 것입니다. 분명 첫 단추부터 잘못 끼우고 있는 것이지요. 경우에 따라서는 엄청난 실수를 범하는 문제가 되기도 합니다. 가끔 법원의 판결문을 들을 때 이런 상황을 만납니다. 판결문의 전반부가 긍정적이면 판결은 부정적이라는 말이 있습니다. 판사가 피고의 죄가 성립되지 않는 이유들을 먼저 열거할 때 미소 짓다가는 큰 일입니다. 판결은 끝까지 가봐야 하기 때문입니다. 적어도 저자가 자신이 의도한 바를 내러티브에 담아 두었다면 우리는 최소한 하나의 내러티브 단위를 가지고 저자의 중심 의도를 파악해야 합니다. 그렇게 숲을 바라보고, 각각의 나무를 보아야 저자의 의도에서 벗어나는 실수를 피하게 됩니다.

성경 내러티브의 줄거리는 하나의 생각의 단위 즉 주제를 가집니다. 아리스토텔레스의 고전적인 작품인 『시학』(Poetics)에서 내러티브는 항상 그 시작, 중간, 그리고 끝을 가진다고 말합니다. 시작에서 새로운 등장인물, 내러티브의 배경이 되는 시간과 공간 등을 소개합니다. 물론 이야기를 요약하거나 이면에 있는 사항들을 미리 설명하는 방식으로 시작하기도 합니다. 또한 이야기는 그 중간 즉 이야기의 주된 몸체를 가집니다. 여기서 내러티브는 더 복잡해지고, 등장인물 간의 갈등이 깊어지고, 그러한 갈등이 결국 폭발하는 과정을 그립니다. 마지막에 이르면 내러티브는 모든 갈등을 해결하고, 문제에 대한 해답을 제시합니다. 요약하기도 하고 반복하기도 합니다. 이런 과정 전체가 하나의 내러티브를 형성합니다. 그러므로 효과적으로 성경을 읽으려면 전체 내러티브 흐름을 끊지 않도록 단락을 나누어 읽어야 합니다.

어떤 단락은 겨우 몇 절이면 충분하지만, 또 어떤 경우에는 한 장 심지어 두세 장 이상을 읽어야 하는 경우들도 있습니다. 성경에서 사사 옷니엘 내러티브는 완전한 내러티브로서 존재하면서도 사사기 3장 7-11절까지만 서술된 반면, 사사 드보라의 내러티브는 사사기 4-5장에 걸쳐 하나의 단락을 형성합니다. 여기서 현실적인 문제가 있습니다. 사람들은 성경 본문을 잘게 쪼개서 길게 강해하면 좋은 것이라 생각하지만, 실제로 내러티브 본문을 설교할 때는 전체 흐름을 무너뜨리지 않도록 조심해야 합니다. 현실적인 문제로 설교자들이 봉독하는 본문을 짧게 정할 수도 있고, 시중에 출판된 큐티책이 엉뚱하게도 한 페이지 안에 집어넣어야 한다는 압박감 때문에 하루치 본문을 잘못 재단하는 경우도 있습니다. 그런 상황이라 할지라도 기승전결 전체 단위를 염두에 두는 것이 중요합니다. 하나의 온전한 내러티브 단락 즉 하나의 사고의 단위를 깨뜨리는 것은 최소한 성경 저자가 원래 의도했던 일은 아니라고 할 수 있기 때문입니다.

성경에는 이미 장과 절이 구분되어 있으니 시작과 끝을 아는 것은 아주 단순한 문제라고 생각하기 쉽지만, 결코 그렇지 않습니다. 때로는 이러한 구분이 방해가 되는 경우도 있습니다. 실제로 성경의 장과 절을 구분한 것은 주후 16세기에 와서야 완성되었습니다. 기독교 역사에 있어서 훨씬 더 오랜 시간 동안 성경은 장과 절을 구분하지 않은 채 읽혀왔다는 뜻이겠지요. 그러니 장절 구분을 절대적인 기준으로 삼는 것이 성경 저자의 원래 의도를 온전히 반영한다고 보기 어렵습니다. 예를 들어 봅시다. 첫 번째는 창세기 1장에서 간단하게 찾을 수 있습니다. 하나님의 천지 창조 내러티브는 1장 1절에서 시작해서 2장 3절까지 기록되어 있습니다. 확실히 1장 1절의 첫 번째 내러티브 단락은 2장 3절까지라고 할 수 있겠지요. 심지어 학자들은 창세기 2장 1-3절에 나오는 제 칠일 안식일에 대한 내용은 천지 창조의 결론이자 절정이라고 생각합니다. 그러니 천지 창조 내러티브를 1장까지만 읽고 마친다면 보다 더 큰 그림을 그리는데 실패할 수 있습니다. 물론 독자가 의도적으로 하나님의 천지창조를 좀 더 세분화해서 읽기를 원할 경우 나눌 수 있음을 전제합니다. 그렇다 할지라도 독자는 원래 성경 저자가 의도를 가지고 내러티브의 시작과 끝을 만들어 하나의 숲을 머릿속에 그리면서 숲속에 있는 나무를 더 자세히 살피는 것이 지혜로운 일입니다.

예를 하나만 더 들어 보겠습니다. 창세기 37장 1절은 "야곱이 가나안 땅 곧 그의 아버지가 거류하던 땅에 거주하였으니"라고 말씀합니다. 창세기 36장은 에서의 족보를 말하는 단락인 반면, 창세기 37장 2절부터는 야곱의 족보가 나옵니다. 그렇다면 37장 1절은 앞 단락의 결론일까요? 아니면 뒤 이어 나오는 단락의 시작일까요? 한글 성경이 이 단락을 37장 1절에 둔 것은 뒤 이어 나오는 야곱 족보의 시작이라고 여긴 것 같습니다. 그러나 창세기 37장 2절에는 단락의 시작을 알리는 "족보"라는 단어가 등장합니다. 그러니 문학적으로 보자면 37장 1절은 당연히 앞 단락의 결론입니다. 제대로 읽고 메시지를 찾으려면 36장에 나오는 에서의 족보와 함께 37장 1절을 읽을 때 저자의 의도를 바로 이해하고 읽는다는 뜻이 됩니다. 이런 의도를 파악하는 것은 때로 저자의 의도를 전달하는데 매우 중요한 부분이 될 경우도 있습니다. 창세기 36장에 나오는 에서의 족보는 아주 길게 소개되어 있지만, 그 족보를 이해하는데 필요한 전제는 36장 6-7절에 있습니다.

6. 에서가 자기 아내들과 자기 자녀들과 자기 집의 모든 사람과 자기의 가축과 자기의 모든 짐승과 자기가 가나안 땅에서 모은 모든 재물을 이끌고 그의 동생 야곱을 떠나 다른 곳으로 갔으니 7. 두 사람의 소유가 풍부하여 함께 거주할 수 없음이러라 그들이 거주하는 땅이 그들의 가축으로 말미암아 그들을 용납할 수 없었더라

이 본문에서도 내러티브 장르의 아름다움이 묻어납니다. 에서의 족보에 나타난 그의 삶은 소위 세상적인 의미에서 "형통"이라고 할

수 있습니다. 가나안 땅에서 얻은 모든 것을 이끌고 세일산으로 이주하였는데 매우 성공적으로 정착했고, 에돔 왕국을 건설하기까지 합니다. 그러나 에서의 이동을 설명하는 6-7절은 우리에게 한 사건을 떠올리게 합니다. 창세기 13장에서 롯이 아브람을 떠나 소돔으로 이동하는 것과 유사한 패턴과 언어가 사용되었지요. 아브람을 떠난 롯처럼, 야곱을 떠난 에서의 모습은 정확히 법정적 용어로 잘못되었다고 말하지는 않지만, 독자들에게 그의 길이 잘못되었음을 이미지로 전달하고 있는 셈입니다. 이런 맥락에서 창세기 37장 1절의 결론은 36장 전체에서 장황하게 설명하고 있는 에서의 번영과 발전을 한 마디로 약속의 땅을 벗어나는 길이라고 평가하는 것입니다. 그런 점에서 37장 1절은 36장 에서의 족보를 이해하는 열쇠와도 같은 결론입니다. 이렇게 볼 때 성경에서 단락을 잘 나누는 것은 본문의 의도를 제대로 읽어갈 책임이 있는 독자들에게 기초적이면서도 중요한 출발입니다.

그렇다면 성경의 내러티브 단락을 효과적으로 나누는 방법은 무엇입니까? 물론 단락을 나누는 것은 사실 아주 어려운 일입니다. 관점에 따라 다른 해석들이 가능하기 때문에 어떤 경우에는 대단히 전문적인 고민을 해야 합니다. 그러나 여기서 말하고 싶은 것은 아주 단순한 관찰을 통해서 단락을 나누는 방법을 찾는데 도움을 주는 것입니다.

시간의 변화
단락을 나누기 위해 성경 내러티브가 사용하는 첫 번째 일반적인 방식은 바로 시간의 변화입니다. 완전히 새로운 내러티브든지, 아니면 내러티브 안에서 중요한 분깃점을 나누든지 시간의 변화는 가장 쉽게 단락을 나눌 수 있는 장치입니다. 창세기 15장 1절은 "이 후에"라는 시간의 변화를 나타내는 표현으로 시작합니다. 이 표현은 창세기 14장의 내러티브와 시간적 간격을 둠으로 새로운 줄거리가 시작된다고 알려주는 장치입니다. 창세기 16장 16절은 "하갈이 아브람에게 이스마엘을 낳았을 때에 아브람이 팔십육 세였더라"고 말씀한 반면, 17장 1절은 "아브람이 구십구 세 때에"라는 표현으로 시작합니다. 16장에서는 나이를 언급함으로 사건을 요약하는 결론으로 역할했다면, 17장 1절은 새로운 나이를 언급함으로 무려 13년이 지난 다음에 일어난 새로운 내러티브 단락임을 알려주는 역할을 합니다. 창세기 21장 8절은 "아이가 젖을 떼고 이삭이 젖을 떼는 날에 아브라함이 큰 잔치를 베풀었더라"고 말씀함으로 시간의 변화를 보여줍니다. 8절이 새로운 단락의 시작임을 알리는 것입니다. 이후 흐름은 다음과 같이 진행됩니다.

21장

8절 아이가 자라매 젖을 떼고 이삭이 젖을 떼는 날에 …

14절 아브라함이 아침에 일찍이 일어나 … (소단락)

22절 그 때에 아비멜렉과 그 군대 장관 비골이 아브라함에게 말하여 …

34절 그가 블레셋 사람의 땅에서 여러 날을 지냈더라 (결론적 요약)

22장

1절 그 일 후에 하나님이 아브라함을 시험하시려고 그를 부르시되 …

20절 이 일 후에 어떤 사람이 아브라함에게 알리어 …

23장 1절 사라가 백이십칠 세를 살았으니 …

24장 1절 아브라함이 나이가 많아 늙었고 …

8절과 유사하게 22절은 "그 때에"라고 하면서 시간 표시 장치가 나옵니다. 22장 1절에서는 "그 일 후에"라는 표현이 나옵니다. 22장 20절에서도 "이 일 후에"라는 표현으로 시작합니다. 결국 창세기 22장을 창세기 22장 1-19절과 20-24절로 나누면 자연스러워질 것입니다. 창세기 23장 1절은 또 다시 "사라가 백이십칠 세를 살았으니"라고 소개함으로 다시 시간의 변화를 알립니다. 마찬가지로 창세기 24장 1절도 "아브라함이 나이가 많아 늙었고"라는 말로 시간의 변화를 알립니다. 이렇듯 성경 내러티브는 시간의 변화를 알려 줌으로 새로운 단락을 시작하곤 합니다. 다양한 방식으로 내러티브는 시작할 수 있지만, 굳이 전문가가 아니더라도 시간의 변화가 아주 일반적인 시작 기술이라는 사실만 기억해도, 우리가 성경을 읽을 때 꽤 많은 유익을 누릴 수 있을 것입니다.

장소의 변화

시간과 함께 장소도 내러티브 장르에 있어서 주요한 구성 요소입니다. 그러기에 성경에서 배경에 대한 언급은 시간의 변화와 함께 저자가 새로운 내러티브 단락을 알리기 위해 가장 손쉽게 사용하는 방법입니다. 시간의 변화만큼 빈번하게 일어나지는 않지만, 장소에 대해 자세히 언급하는 것은 종종 성경 내러티브들의 구체성을 더하고 역사적인 가치를 더 높이는 역할을 합니다.

성경의 저자들은 다양한 이유로 장소를 사용합니다. 때로는 어떤 장소에 이름이 지어지게 된 기원을 설명하기도 하고, 장소에 대한 묘사를 통해 내러티브 전체를 이끌어 가는 중요한 기능을 하기도 합니다. 예를 들어 창세기 28장 10절 이하에는 야곱이 형의 복수를 피해 밧단 아람으로 도망치는 중에 일어난 일을 다룹니다. 야곱은 하란으로 향해 가던 중에 "한 장소"에 이릅니다. 야곱은 "거기" 유숙하기 위해 "한 장소"에서 돌을 취하여 "거기" 누워 잠을 청합니다. 야곱이 잠든 사이 여호와를 만나고 약속의 말씀을 재확인한 야곱은 여호와께서 "여기" 계시다고 고백하며 "이 곳"을 하나님의 집이라 부릅니다. 아침에 일찍이 일어난 야곱은 돌을 가져다가 기둥으로 세우고 "그 장소"의 이름을 벧엘이라 부릅니다. 이렇게 성경 내러티브는 "한 장소"에서 "벧엘"로 불리는 과정을 소개하는데, 내러티브 전체의 중심 흐름을 장소에서 찾고 있습니다. 굳이 이렇게 중심 주제와 장소의 상관관계를 찾지 않더라도, 성경 내러티브는 먼저 장소를 소개하면서 내러티브를 시작하는 방식을 곧잘 사용하기도 합니다.

창세기 18장 1절은 "여호와께서 마므레의 상수리나무들이 있는 곳"에서 아브라함에게 나타나셨다고 말씀합니다. 창세기 17장에서 하나님이 아브라함에게 나타나셔서 이삭의 출생에 대해 말씀하셨던 때와는 다른 배경 장소 소개가 있기 때문에 새로운 시작이라고 할 수 있습니다. 그런데 18장 16절은 이렇게 말씀합니다: "그 사람들이 거기서 일어나서 소돔으로 향하고." 배경 장소가 바뀌었기 때문에 16절에서부터 언급하는 아브라함의 중보기도는 새로운 단락이라고 볼 수 있습니다. 창세기 19장 1절은 "저녁 때에 그 두 천사가 소돔에 이르니"라고 말씀하면서 시작합니다. "저녁 때에"라는 표현에서 앞에서 언급했던 시간의 변화가 보입니다. "소돔에 이르니"라는 표현으로 19장 내러티브가 일어나는 장소가 소돔이라고 언급합니다. 18장 16절에서 언급되었던 배경 장소 즉 소돔으로 가는 길에서 이젠 소돔 성 안으로 바뀌었습니다. 새로운 시작을 알리는 방법입니다. 비록 18-19장이 거의 끊어지지 않는 시간의 연속성 안에 있다 할지라도 이렇게 아브라함의 집 - 소돔으로 가는 길 - 소돔이라는 장소 변화가 단락을 구분하는 중요한 장치로 역할하고 있음을 봅니다.

마찬가지로 창세기 35장 내러티브의 배경 장소는 벧엘입니다. 1절에서 하나님은 벧엘로 올라가라고 명령하십니다. 이에 야곱이 우상을 정리하고 벧엘로 올라가서 하나님을 예배하는 내러티브가 전개됩니다. 그런데 35장 16절은 "벧엘에서 길을 떠나 에브랏에 이르기까지 얼마간 거리를 둔 곳"에서 일어난 일을 말씀합니다. 이곳에서 야곱이 사랑하던 아내 라헬이 베냐민을 출산하고 죽음을 맞이하는 내용이 나옵니다. 마지막으로 27절은 야곱이 기럇아르바의 마므레로 갔다고 언급하는데 여기서 이삭의 죽음을 소개합니다. 이렇게 성경 내러티브는 장소의 변화를 통해 자연스럽게 새로운 주제를 소개하고 있습니다.

새로운 인물의 등장

단락 구분을 염두에 둘 때 시간과 장소의 변화에 주목할 뿐만 아니라, 등장인물에 대해서도 관심을 기울여야 합니다. 등장인물에 대한 이해는 아주 중요한 부분이기 때문에 다음에 좀 더 구체적으로 다루겠습니다. 다만 여기서는 새로운 등장인물의 출현이 내러티브의 전환을 가져오고, 새로운 단락을 형성할 수 있다는 점만 강조하려고 합니다. 등장인물은 내러티브 장르를 실질적으로 이끌어 가는 가장 중요한 요소입니다. 새로운 등장인물은 내러티브의 색깔을 바꾸고, 저자가 전달하고자 하는 내러티브의 흐름을 바꾸기도 합니다. 그렇기 때문에 성경의 저자는 내러티브를 새롭게 시작하려고 할 때 그에 맞는 새로운 인물을 등장시키곤 합니다. 창세기 3장 1절은 앞의 2장까지 전개된 에덴동산에서의 내러티브와 전혀 다른 긴장을 만들어 내는데, 이를 위해 새로운 등장인물을 소개합니다: "그런데 뱀은 여호와 하나님이 지으신 들짐승 중에 가장 간교하니라." 새로운 등장인물인 뱀이 소개되었습니다. 본문은 그가 모든 들짐승 중에 가장 간교하다고 소개하지요. 간교한 뱀의 등장은 태초의 아름다운 에덴동산을 타락으로 몰고 갑니다. 그러므로 3장 1절은 뱀의 등장을 통해 새로운 단락의 시작을 알리는 것입니다. 창세기 15장은 하나님과 아브람의 언약 관계를 내러티브로 담아내었습니다. 그런데 16장 1절은 "아브람의 아내 사래는 출산하지 못하였고"라고 언급함으로 전혀 다른 내러티브를 전개합니다. 창세기 21장을 보면 하나님께서 사라를 출산하게 하시는 내러티브로 시작합니다. 그런데 8절은 아브라함이 잔치를 베푸는 내러티브로 바뀝니다. 주요 등장인물과 등장인물의 관점이 바뀌어 있기 때문에 창세기 21장 1절은 7절까지 하나의 단락을 형성한다는 사실을 알 수 있습니다. 22절을 보면 "그 때에 아비멜렉과 그 군대 장관 비골이 아브라함에게 말하여 이르되"라고 언급합니다. 새로운 내러티브 단락을 보이기 위해 본문은 아비멜렉과 비골이라는 새로운 인물을 등장시킵니다. 물론 여기는 시간 단위를 나타내는 "그 때에"라는 표현을 통해서도 새로운 단락을 알리고 있기는 합니다. 그러니 창세기 21장 8절에서 시작된 새로운 단락은 21절까지 계속된다는 사실을 확인할 수 있습니다. 창세기 29장 21절 이하를 보면 다음과 같은 흐름이 있습니다.

> 21절: 야곱이 라반에게 이르되 …
>
> 31절: 여호와께서 레아가 사랑받지 못함을 보시고 …
>
> 30장 1절: 라헬이 자기가 야곱에게서 아들을 낳지 못함을 보고 …
>
> 9절: 레아가 자기의 출산이 멈춤을 보고 …
>
> 14절: 밀 거둘 때 르우벤이 나가서 …
>
> 25절: 라헬이 요셉을 낳았을 때에 야곱이 라반에게 이르되 …

이 흐름에서 볼 수 있듯이 새로운 단락을 말하고자 할 때 성경은 자주 새로운 등장인물을 소개하거나, 주도적인 등장인물을 바꾸는 경향이 있습니다. 이런 서술을 하는 중에도 종종 나타나는 시간과 장소 변화도 우리가 함께 검토한다면 훨씬 더 쉽게 단락의 시작을 알 수 있습니다. 창세기 39장에서도 이런 흐름을 볼 수 있습니다. 창세기 37장은 요셉이 팔려가는 내러티브입니다. 그런데 38장 1절은 "그 후에 유다가 자기 형제들로부터 떠나 내려가서"라고 소개합니다. 새로운 등장인물이지요. 39장 1절은 "요셉이 이끌려 애굽에 내려가매 바로의 신하 친위대장 애굽 사람 보디발이 그를 그리로 데려간 이스마엘 사람의 손에서 요셉을 사니라"고 언급합니다. 38장의 내러티브를 마감하고 새로운 내러티브를 한다는 뜻입니다. 39장 7절은 "그 후에 그의 주인의 아내가 요셉에게 눈짓하다가 동침하기를 청하니"라고 말씀합니다. "그 후에"라는 시간 표시 장치도 있지만, "주인의 아내"라는 새로운 등장인물을 소개함으로 단락을 나누고 있습니다. 물론 40장 1절에는 "그 후에 애굽 왕의 술 맡은 자와 떡 굽는 자가…"라고 소개함으로 1절에서 새로운 단락이 시작된다는 사실을 분명하게 드러냅니다.

그 외에도 성경에서 새로운 단락을 시작하는 장치는 아주 많습니다. 보다 더 자주 나오는 것은 화자 (narrator)의 목소리로 내러티브의 배경을 설명하는 방식입니다. 이럴 경우 보통 성경 내러티브가 전경 (foreground)으로 나아가지 않고 배경 (background)으로 소개되는 특별한 히브리어 양식을 취하기도 합니다 (we-x-qatal form). 전경과 배경은 또 다른 중요한 포인트이기 때문에 다른 장에서 좀 더 구체적으로 다루도록 하겠습니다. 또한 문예적인 흐름이 있어서 그런 흐름을 따라 단락을 나눌 수 있는 경우도 많습니다. 여러 가지 전문적인 내용들이 필요할 수 있겠지만, 그런 내용을 다 하지 않더라도, 여기서 지금까지 말한 시간과 장소, 그리고 등장인물의 변화에 좀 더 민감하게 성경 내러티브를 읽어갈 때 우리는 성경 내러티브의 꽤 많은 부분의 시작 지점을 정확히 판단할 수 있을 것입니다.

단락은 어떻게 끝나는가?

내러티브를 시작하는 방식에 일반적인 패턴들이 존재하는 것처럼, 내러티브의 마침 역시 패턴이 존재합니다. 내러티브는 먼저 시작 부분에서 시간과 공간이라는 배경, 주요한 등장인물, 주제의 긴장 등이 소개되고 내러티브의 본론에서 그 내러티브의 긴장이 더 자라고 절정에 이릅니다. 이제 내러티브가 마무리 될 때는 모든 긴장이 해소되고 내러티브를 효과적으로 마감하게 됩니다. 대개의 경우 저자는 하나의 내러티브가 결론을 맺을 때 내러티브가 끝난다는 사실을 강조합니다. 그 때문에 내러티브를 마치는 장치들이 존재하게 됩니다.

첫째, 창세기의 경우는 제단을 쌓거나 여호와의 이름을 부르는 등의 표현들이 자주 반복되는데 하나의 단락을 마치는 일반적인 패턴이라 할 수 있습니다. 창세기 4장 26절은 단락을 마감하면서 "그 때에 사람들이 비로소 여호와의 이름을 불렀더라"는 표현을 씁니다. 마찬가지로 창세기 13장 14-18절은 "롯이 아브람을 떠난 후에"라는 시간 배경을 언급함으로 단락이 시작되었다면, "거기서 여호와를 위하여 제단을 쌓았더라"고 말하면서 단락을 마감합니다.

둘째, 단락은 자주 독자들에게 내러티브의 결론에 해당되는 정보를 제공하면서 마칩니다. 창세기 3장의 타락 내러티브는 20-21절에서 "아담이 그의 아내의 이름을 하와라 불렀으니 그는 모든 산 자의 어미가 됨이더라 여호와 하나님이 그의 아내를 위하여 가죽옷을 지어 입히시니라"고 언급함으로 갈등을 해소하며 내러티브를 요약합니다. 또한 3장 22-24절은 "에덴 동산 동쪽에 그룹들과 두루 도는 불 칼을 두어 생명 나무의 길을 지키게 하시니라"고 하며 추가적인 정보를 제공하면서 마감합니다. 창세기 19장의 소돔 고모라 내러티브는 모압과 암몬 자손의 기원에 대한 보충적 정보를 제공하면서 마감합니다 (창19:37-

38). 창세기 23장의 경우 아브라함이 아내를 장사지내기 위해 매장지로 마므레 앞 막벨라 굴을 구입하고 장사했다고 언급한 19절 이후에 다시 "이와 같이 그 밭과 거기에 속한 굴이 헷 족속으로부터 아브라함이 매장할 소유지로 확정되었더라"고 요약합니다. 단락을 마감하는 장치인 셈입니다. 유명한 야곱의 씨름 내러티브는 "그 사람이 야곱의 허벅지 관절에 있는 둔부의 힘줄을 쳤으므로 이스라엘 사람들이 지금까지 허벅지 관절에 있는 둔부의 힘줄을 먹지 아니하더라"고 요약하며 마칩니다.

셋째, 장소에 대한 설명, 지역의 명칭을 정하게 된 동기 등을 설명하면서 단락을 마치는 경우가 많습니다. 이런 경우 어떤 장소를 떠남, 어떤 장소에 도달함 (정착함), 그 장소의 이름을 지어줌 등의 장면이 일반적입니다. 창세기 4장에서 가인과 아벨 내러티브는 동생을 죽인 가인이 에덴 동편 땅에서 쫓겨나는 것으로 마칩니다. 비록 개역개정에서는 15절까지를 첫 번째 단락으로 간주했고, 16절을 번역할 때 17절에 연결되도록 번역했지만, 떠남/정착의 관점으로 생각하면 창세기 4장의 첫 번째 단락은 1-16절이 됩니다. 창세기 22장 1-19절 단락은 아브라함이 종들과 함께 돌아가서 떠나 브엘세바에 이르러 거기 거주하였다고 말씀함으로 떠남과 정착이라는 주제를 사용합니다. 아브라함이 죽은 이후에 이삭은 브엘라해로이 근처에 거주합니다 (창25:11). 이스마엘 자손들은 애굽 앞 술까지 이르러 모든 형제의 맞은 편에 거주합니다 (창 25:18). 창세기 12장의 첫 번째 단락은 9절에서 마치는데 9절은 아브람이 "점점 남방으로 옮겨갔더라"고 언급합니다. 떠남/정착의 관점으로 보면, 창세기 12장 10절에서 시작된 내러티브가 창세기 13장 1절에서 마친다는 사실도 알 수 있습니다. 12장 20절에서 바로가 아브람 일행을 보냈다고 언급하는데, 13장 1절에서야 "아브람이 애굽에서 그와 그의 아내와 모든 소유와 롯과 함께 네게브로 올라갔다"고 말씀함으로 단락의 마지막을 고합니다. 이 본문의 경우 반복이라는 마무리 기법도 눈에 띕니다. 12장 9절에서 남방으로 내려감으로 단락을 끝냈기 때문에 바로 이어지는 단락 역시 문학적으로는 "네게브 (남방)"을 반복하면서 단락을 마칩니다. 동일한 단어나 주제의 반복을 통해 단락을 마치는 문학적 장치입니다 (창세기 4장에서 가인을 위한 칠 배의 벌과 라멕을 위한 칠십칠 배의 벌도 문학적으로 서로 연결됩니다). 창세기 26장에서 이삭은 아비멜렉과 언약을 맺고 그곳 이름을 세바라고 짓습니다. 그리고 본문 26장 33절은 "그러므로 그 성읍 이름이 오늘까지 브엘세바더라"고 지명의 기원을 알려줍니다. 아주 일반적인 단락 마감 장치입니다. 창세기 28장에서 야곱이 처음 하나님을 대면하는 장소도 돋보입니다. 28장 10절부터 그 장소의 이름을 "한 곳" "거기" "그 곳" "이 곳" 등으로 지속적으로 표현하다가 마지막에 그곳의 이름이 루스였으며, 야곱이 그곳 이름을 벧엘로 지었다고 알려줍니다 (창28:19). 이 외에도 장소의 이름을 지어주는 장면은 성경 전체를 통틀어 자주 만날 것입니다. 그럴 때마다 여기서 단락이 끝날 것이라는 기대감을 가져도 될 것입니다 (창16:14; 19:22; 33:18, 20; 35:8, 15 등).

넷째, 나이, 기간 등에 대한 추가 정보도 곧 단락을 마감하는 장치로 역할을 할 때가 많습니다. 아브람이 하갈을 통해 이스마엘을 낳은 창세기 16장 내러티브는 "하갈이 아브람에게 이스마엘을 낳았을 때에 아브람이 팔십육 세였더라"고 말하고 마칩니다. 창세기 17장 1절에서 아브람의 나이 99세를 언급했다면, 마지막 단락이 되는 24절에서 다시 구십구 세를 언급하면서 단락의 마지막을 알립니다. 창세기 25장 19-26절까지 에서와 야곱의 출생 장면을 내러티브하는 단락은 "리브가가 그들을 낳을 때에 이삭이 육십세 였더라"는 말로 단락을 마칩니다. 이와 함께 시간의 흐름을 알리는 표현들도 단락 마감 장치로 자주 나타납니다. 아브라함과 아비멜렉 간의 언약 장면을 담고 있는 창세기 21

장 22-33절은 "그가 블레셋 사람의 땅에서 여러 날을 지냈더라"고 말씀합니다. 동일한 관점으로 우리는 창세기 29장의 단락을 나눌 수 있습니다. 29장 20절은 야곱이 라헬을 위해 삼촌의 집에서 봉사하는데 그 결론을 "칠 년을 며칠 같이 여겼더라"고 언급합니다. 그 다음 단락 역시 "다시 칠 년 동안 라반을 섬겼더라" (30절)고 언급합니다. 창세기 42장 17절은 "그들을 다 함께 삼 일을 가두었더라"고 언급합니다. 모두가 단락을 나누는 장치입니다.

그 외에도 숫자, 목록, 족보 등도 하나의 단락을 마감하는 장치로 역할하고 있습니다. 단락의 시작과 마지막을 결정하는 것은 가끔씩 상당히 어려운 논쟁이 되기도 합니다. 모든 항목들을 다 알면 더 좋겠지만, 사실 여기 소개된 항목들만 잘 숙지하고 있어도 내러티브의 시작과 끝을 구분해 내는데 상당한 도움이 될 것입니다.

002

내러티브 서술 시간과 연대기적 시간 구분하기

내러티브 서술 시간과 연대기적 시간 구분하기

성경 안에는 두 가지 시간이 흐르고 있습니다. 첫째는 연대기적 시간입니다. 하루 24시간, 1년 365일이 지나가듯 모든 사람들에게 동일하게 흘러가는 절대적인 시간이지요. 성경의 모든 내러티브가 이 절대적인 시간을 따르고 있는 것은 아니지만, 어차피 내러티브는 어떤 특정한 시간에 특정한 장소에서 특정한 인물들의 삶과 신앙을 내러티브하는 것이기 때문에 시간의 흐름을 인식하면서 읽어가는 것은 기초적인 출발점이라고 할 수 있습니다. 그런데 내러티브에는 연대기적 시간과 다르게 내러티브가 흘러가는 속도를 반영하는 내러티브 서술 시간이 존재합니다. 내러티브를 전개함에 있어서 저자가 어떤 점은 더 강조하는 반면 다른 것은 덜 강조하기 위해 의도적으로 흐름을 빠르게 가져가기도 하고 아주 느리게 흐르게 하기도 합니다. 그렇기 때문에 내러티브를 읽어갈 때 연대기적 시간의 흐름과 저자의 의도에 따라 더 빠르거나 느리게 흐르는 내러티브 서술 시간 사이에는 상당한 간격이 존재합니다. 바로 이 간격을 느끼면서 성경 내러티브를 읽어단면 대체로 저자가 강조하고 싶은 것과 그렇지 않은 것을 어렵지 않게 구별할 수 있습니다.

가장 쉬운 예로 예수님의 생애를 다루고 있는 복음서를 들 수 있습니다. 복음서는 예수님의 생애 전반을 다루는 전기가 아닙니다. 비록 복음서가 예수님의 출생부터 죽으심에 이르는 전과정을 기록하고 있기는 하지만 복음서의 약 25% 정도가 예수님의 생애 마지막 7일간의 내러티브입니다. 마가복음의 경우 거의 절반이 예수님의 예루살렘 여행으로부터 죽음에 이르는 시간에 집중하고 있습니다. 요한복음에서는 마지막 일주일 중 잡히시기 전 날, 그 날 하루에 보다 더 집중합니다. 요한복음 13장 1절은 "예수께서 자기가 세상을 떠나 아버지께로 돌아가실 때가 이른줄 아시고 세상에 있는 자기 사람들을 사랑하시되 끝까지 사랑하시니라"고 말씀하고는 13-16장에 이르기까지 주옥같은 고별 설교를 제자들에게 전하십니다. 그 후 17장에서 예수님은 대제사장적인 기도를 드립니다. 이 날 하루를 위해 요한복음은 약 17.5%의 분량을 할애한 셈입니다. 저자가 무엇을 강조하고 싶은지는 이렇게 연대기적으로 흘러간 시간과 그것을 묘사하는 내러티브 서술 시간 흐름의 차이를 확인할 때 분명해 집니다.

모세 오경을 중심으로 몇 가지 예를 더 생각해 봅시다. 연대기적 관점으로 창세기를 읽으면 창세기는 태초로부터 야곱의 열두 아들들 내러티브에서 끝납니다. 헤아릴 수 없는 긴 역사의 흐름을 저자는 창세기 1-11장에 담아 둔 반면, 창세기 12-50장까지는 아브라함이 가나안 땅으로 들어온 시점부터 야곱이 가나안 땅을 떠나는 시점까지 약 215년이라는 절대적 시간을 할애합니다. 연대기적 시간으로는 창세기 1-11장이 당연히 비교할 수 없을 만큼 긴 기간이지만, 내러티브 서술 시간은 정반대로 족장들이 더 깁니다. 저자가 족장들 내러티브를 더 강조하고 싶다는 뜻입니다. 또 다른 예를 들어 보겠습니다. 출애굽기부터 민수기까지는 애굽에서의 고난과 출애굽으로부터 모압 평지까지의 내러티브를 담고 있습니다. 출애굽기 1-2장까지는 연대기적 시간으로 약 100년 이상의 기간을 묘사합니다. 그런데 오경의 저자는 출애굽한 이스라엘 백성들이 시내산에 도착하는 출애굽기 19장으로부터 시내산을 떠나는 민수기 10장 11절까지의 시간인 약 1년을 묘사하기 위해 무려 61장을 할애하고 있습니다. 이 점은 아주 놀라운 일입니다. 모세 오경의 핵심 메시지가 바로 시내산 언약에 있음을 내러티브 서술 시간의 흐름과 연대기적 시간의 흐름의 차이를 통해 바로 이해할 수 있습니다.

앞에 예를 든 것이 너무 큰 단위를 다루었다면, 좀 더 짧은 내러티브 단위 안에서 이 예를 찾아보겠습니다. 창세기 16장은 아브람이 가나안 땅으로 들어온 지 약 10년이라는 시간이 흘렀을 때의 이야기입니다. 가나안 땅에 들어올 때가 아브라함의 나이 75세였기에, 창세기 16장에서 아브람은 85세였습니다. 10년이라는 시간을 기다려왔던 사래는 더 이상 기다리지 못하고 자신의 여종 하갈을 통해 후사를 얻고자 했습니다. 하갈은 곧장 아브람의 아이를 임신했고, 이듬해 하갈은 이스마엘을 출산했습니다. 이 내러티브는 16절에 이르러 "하갈이 아브람에게 이스마엘을 낳았을 때에 아브람이 팔십육 세였더라"고 소개함으로 연대기적 시간을 제시합니다. 그런데 창세기 17장 1절을 보면 "아브람이 구십구 세 때에 여호와께서 아브람에게 나타셨다"고 말씀합니다. 성경 본문은 단 한 절만 언급하고 있지만, 실제 연대기적 시간은 무려 13년이라는 시간이 흘렀음을 알 수 있습니다. 반대로, 창세기 17장에서 하나님은 아브람의 이름을 아브라함이라고 바꾸시고 그에게 사라를 통해 후사를 주시겠다고 약속하셨습니다. 그리고 창세기 21장 1-2절에서 이렇게 말씀합니다:

여호와께서 말씀하신 대로 사라를 돌보셨고
여호와께서 말씀하신 대로 사라에게 행하셨으므로
사라가 임신하고 하나님이 말씀하신 시기가 되어 노년의 아브라함에게
아들을 낳으니

하나님께서 창세기 17장에서 후사를 약속하셨고, 21장에 가서야 1년의 시간이 지나 아브라함과 사라는 아들을 품에 안을 수 있었습니다. 여기서 다시 보면, 연대기적 시간은 겨우 1년이라는 시간이 지났지만, 내러티브 시간은 1년을 묘사하기 위해 창세기 17장부터 21장까지 무려 5장을 할애하고 있음을 봅니다. 창세기 속 아브라함 내러티브가 하나님이 예비하신 후손의 탄생에 얼마나 많은 관심을 기울이고 있는지 분명히 볼 수 있는 대목입니다. 첫째 아들 이스마엘이 출생했고, 그 아들이 재롱을 피우면서 아브라함의 노년을 행복하게 했던 그 13년의 시간을 저자는 단 한 절로 묘사하지만, 이삭 출생을 위해 5장에 걸쳐 묘사하고 있는 것입니다. 아브람이 이스마엘과 함께 했던 13년의 시간은 정말 행복한 시간이었을 것입니다. 노년에 아이를 얻었고, 그 아이의 성장하는 모습을 보는 아브라함의 마음이 얼마나 기뻤을까요? 그래서 자신이 99세때 하나님께서 나타나셔서 이듬해에 사라를 통해 약속의 후사를 주겠노라고 하셨을 때, 아브라함은 아무 주저함없이 "이스마엘이나 하나님 앞에 살기를 원하나이다 (창17:18)"라고 말할 정도였습니다.[1]

---

1) 어쩌면 이 기간 동안 아브람이 낳은 아이가 이스마엘 한 사람만이 아닐 수도 있습니다. 아브람과 사래가 아이를 낳지 못했지만, 하갈을 통해 확인한 사실은 아브람이 출산 능력이 있다는 사실이었을 것입니다. 창세기 25장 1절에는 아브라함이 후처 그두라를 맞이하여서 그 사이에 무려 6명의 자녀를 더 낳는 사건이 나옵니다. 만일 창세기 25장을 연대기적 순서로만 생각한다면 아브라함이 무려 140세가 넘어서 후처를 취하고 약 150세에 이르기까지 자녀들을 낳았다는 뜻인

아브라함의 86세부터 100세까지의 내러티브는 내러티브 시간으로는 결코 공평하게 묘사되지 않았습니다. 저자의 의도가 내러티브 시간을 천천히 흐르게 한다는 점을 알게 됩니다.

성경 저자는 때로 자신의 의도를 정확히 전달하기 위해 이렇게 내러티브 서술 시간과 연대기 시간의 차이를 극대화하고 있습니다. 창세기 38장에서 한 가지만 더 내러티브 시간과 연대기 시간의 흐름의 차이를 찾아봅시다. 야곱의 넷째 아들인 유다는 창세기 37장에서 동생인 요셉을 이스마엘 사람들에게 팔아넘기는 일을 주도한 인물이었습니다. 요셉을 죽이자는 형제들의 요구에 굳이 우리 손에 피를 묻히지 말고 요셉을 팔아서 돈이나 벌자고 제안했던 사람입니다. 게다가 다른 형제들과 한통속이 되어 요셉의 채색옷에 염소피를 묻혀서 아버지를 속였습니다. 그는 요셉을 잃었다고 생각한 아버지 야곱의 절망적인 눈물을 뒤로한 채 더 적극적으로 가나안 땅에서의 삶을 선택했습니다. 창세기 38장이 유다의 가나안 정착 내러티브를 담고 있습니다. 시기적으로 창세기 38장은 유다가 아버지 집을 떠났다가 다시 아버지께로 돌아가

데, 상식적으로 이해하기 어려운 측면이 있습니다. 왜냐하면 아브라함은 자신이 99세 때 하나님께서 후사를 주시겠다고 하셨을 때 속으로 웃으면서 "백 세 된 사람이 어찌 자식을 낳을까 사라는 구십 세니 어찌 출산하리요 (창17:17)"라고 말했습니다. 그리고 창세기 25장은 아브라함의 삶을 마감하기 전에 부록처럼 그의 삶을 요약하는 부분이기 때문에 반드시 연대기적인 순서를 따른다고 볼 이유는 없습니다. 만일 그두라를 통해 여섯 명의 아들을 낳는 사건을 아브라함의 실제적인 삶의 자리에 넣어야 한다면 아마도 이스마엘의 출생으로부터 99세가 되어 더이상 출산이 불가능하다고 생각했던 그 시점 사이의 시간들이 가장 개연성이 높다고 볼 수 있겠습니다. 이것이 가능한 추정이라면 아브라함에게 있어서 99세가 되기전 13년의 시간은 정말 행복하고 즐거웠던 시간이었을 것입니다. 그러나 창세기의 저자는 그 모든 내용 단 한 구절로 13년의 시간을 무심하게 요약함으로 그것이 하나님의 뜻과 상관없는 일이었음을 단적으로 보여줍니다.

는데 약 22년의 시간이 흘렀음을 보여줍니다. 그런데 여기서도 성경 내러티브는 22년을 고르게 설명하지 않습니다. 유다는 가나안 땅에 성공적으로 정착하기 위해 적극적으로 이방 여인과 결혼하고 자녀들을 낳았고, 또 그 자녀들을 빨리 장가보냅니다. 유다의 가나안 정착 노력 시간인 약 21년 동안의 내러티브는 창세기 38장 1-11절에 담겨 있습니다. 그런데 나머지 1년을 묘사하기 위해서는 창세기 38장 12-30절을 할애하고 있습니다. 딱 봐도 저자가 어떤 부분을 강조하고 싶은지 알 수 있습니다.

성경 전체에서 이렇게 연대기적 시간과 내러티브 서술 시간의 차이는 헤아릴 수 없을 정도로 많이 나옵니다. 성경의 저자들이 시간의 흐름을 나타내기 위해 사용하는 기법은 여러 가지입니다. 가령 족보나 사건 목록 등을 나열하는 것도 하나의 방법일 수 있습니다. 창세기 5장은 아담으로부터 노아에 이르기까지의 역사를 간단하게 아담의 족보를 소개함으로 시간을 흘려보냅니다. 마찬가지로 사사기 1장은 각 지파들의 정복 전쟁의 목록을 제시함으로 정복 전쟁 기간 전체를 요약하고 시간을 흘려보냅니다. 또한 저자는 보다 직접적으로 시간의 흐름을 알려주기도 합니다. 요셉이 총리가 된 것은 30세가 되던 해입니다 (창41:46). 그가 꿈을 꾼 때가 17세 되던 때였고, 그 시점에 요셉이 애굽에 팔려갔다고 생각한다면 (창37:2), 그가 종살이하고 감옥 생활한 기간은 총 13년이라고 볼 수 있습니다. 물론 요셉이 얼마나 감옥에 있었는지를 확인하기는 어렵지만, 창세기 41장 1절을 보면 "만 이 년 후에" 바로가 꿈을 꾸었다는 직접적인 시간의 흐름을 알 수 있는 표현이 나옵니다. 이로써 최소한 만 이 년 이상 그가 감옥에 있었음을 알 수 있습니다. 요셉이 감옥에 있으면서 술맡은 관원장과 떡맡은 관원장의 꿈을 해몽해 준 이후 모든 기대와 소망이 끊어지고 모두에게 잊혀진 존재로 온전히 버텨야

했던 감옥 생활은 요셉 자신에겐 정말 큰 고통과 눈물의 시간이었겠지만, 성경은 그 기간을 "만 이 년 후에"라는 직접적인 시간 표현으로 간단하게 마무리하고 맙니다. 이런 식의 직접적인 시간 흐름은 사사기에 더 자주 나옵니다. 옷니엘이 이스라엘을 구원한 후 40년이 지난 후에 죽었고 (삿3:11), 이스라엘은 에훗의 구원 이후 80년 동안 평온합니다 (삿3:30). 드보라의 구원은 이스라엘에게 40년의 평안을 가져다 주었고 (삿5:31), 기드온은 40년 동안 이스라엘을 통치하며 평안을 주었습니다 (삿8:28). 이와 같이 시간의 흐름을 요약적으로 그리고 직접적으로 언급함으로 내러티브가 신속하게 흘러가게 합니다. 에스더서에 나타난 연대기적 흐름과 내러티브 서술 시간의 차이를 언급하는 것으로 이 논의를 마무리 하면 좋겠습니다. 에스더 1-2장까지는 약 2년 정도의 시간이 흐릅니다. 그런데 3장부터 9장까지는 그 이후 약 1년간 있었던 사건입니다. 특별히 5-7장까지는 단 24시간 동안에 일어났던 내용입니다. 수산성에서 아하수에로 왕이 잠못들던 그 밤 그 순간에 독자들은 숨죽이면서 긴박하게 흘러가던 아하수에로, 에스더, 그리고 하만 사이의 팽팽한 긴장 관계에 푹 빠져 손에 땀을 쥐는 긴장을 가지게 될 것입니다.

이렇게 성경 내러티브를 읽어가는 우리들은 반드시 연대기적 시간의 흐름과 달리 내러티브 서술 시간이 빠르게 흐르는 지점과 천천히 흐르는 지점을 인식하는 것이 우선 중요하고, 그러한 차이점들이 발생할 때 저자가 우리에게 무엇에 더 집중하기를 원하는지 이해할 수 있어야 합니다. 아주 간단하게 말하자면, 연대적 시간보다는 내러티브 서술 시간에 좀 더 초점을 맞춰 읽으며, 독자로서 독서의 속도를 조절하는 것이 가장 중요하다 하겠습니다.

003

내러티브는 흐름이 중요합니다
전경 (foreground)과 배경 (background) 이해하기

003

내러티브는 흐름이 중요합니다
전경 (foreground)과 배경 (background) 이해하기

내러티브는 잘 구성된 문장의 연속입니다. 단어들이 모여 하나의 문장을 만들고, 그 문장들이 모여서 문단을 이루고, 문단이 모여서 하나의 내러티브를 만듭니다. 그렇다고 그저 단어들이 모인다고 의미를 전달하는 하나의 문장이 되는 것은 아닙니다. 단어들은 주로 내용을 전달하는 내용어와 서로의 상관관계를 나타내는 기능어가 적절하게 조합되어야 문장이 됩니다. 아래 문장에서 내용어와 기능어가 어떻게 연결되었는지 볼 수 있습니다.

> 그 땅-에 기근-이 들었으므로 아브람-이 애굽-에 거류-하려고 그리로 내려갔으니 이는 그-땅-에 기근-이 심하였음이라 (창12:10)

이 문장의 조합이 조금만 틀어져도 혹은 부적절하게 어순이 뒤틀리기만 해도 의미를 전달하는 문장의 기능이 사라집니다. "애굽이 아브람에 기근하려고"라고 말하는 순간 의미는 사라지고 문장의 기능도 못하게 됩니다. "기근이 애굽에 들었으므로 내려갔으니 아브람이 심하였음이라"도 어순이 바뀌었지만 의미 전달이 되지 않습니다. 그러니 내용을 포함하는 단어는 적절하게 기능어와 연결되어야 하고, 연결된 단어들은 적절한 어순을 가지고 서로 긴밀하게 연결되어야만 의미를 전달하게 됩니다. 보통 이것을 문장의 응집력이라고 말합니다 (cohesion). 그런데 이렇게 의미를 전달하는 문장은 뒤 따르는 문장과 서로서로 연결되어야 내러티브가 될 수 있습니다. 아래 문장을 살펴봅시다. 출애굽기 4:24-25입니다.

> "그가 (한글 성경에는 모세가라고 표기되어 있음) 길을 가다가 숙소에 있을 때에 여호와께서 그를 만나사 그를 죽이려 하신지라. 십보라가 돌칼을 가져다가 그의 아들의 포피를 베어 그의 발에 갖다 대며 이르되 당신은 참으로 내게 피 남편이로다 하니"

누군가가 이렇게 문장을 쓰면 웬만해선 이해하기 어려울 것입니다. 도대체 길을 가던 그는 누구며, 여호와께서 만나서 죽이려 한 그는 누구입니까? 십보라가 아들의 포피를 베어 발에 갖다 댄 그는 누구이며, 십보라가 말한 당신은 또 누구입니까? 그는 3인칭 남자 단수를 지칭하는 것은 확실하지만, 본문에서 대명사가 지시하는 선행사가 없기 때문에 이해하기가 여간 어려운 것이 아닙니다. 실제로 이 본문은 문법적으로도 제대로 해석해 내기가 어려워 학자들마다 다양한 견해를 내어 놓고 있기는 하지만, 여기서는 이 본문의 바른 해석보다는 앞선 문장이 없을 때 뒤 따르는 문장을 해석하는 것이 아주 어렵다는 사실을 인지하는 것에 만족하려 합니다.

다시 창세기 12:10로 가봅시다. "그 땅에 기근이 들었으므로 아브람이 애굽에 거류하려고 그리로 내려갔으니 이는 그 땅에 기근이 심하였음이라" 이 문장만으로는 도대체 "그 땅"이 어딘지 알 수 없습니다. 앞선 문장인 9절로 가보면 "점점 남방으로 옮겨갔더라"는 구절을 봅니다. 독자들은 그제서야 "그 땅"은 남방 즉 네게브 지역이라는 것을 압니다. 의미를 전달하는 문장은 또한 앞선 문장 혹은 다음 문장과 아주 긴밀하게 연결되어 있습니다. 문장이 하나의 의미를 전달하기는 하지만, 문장과 문장 사이의 일관성 (coherence)이라는 것이 있어야 문단 전체가 흐름을 가지고 독자들에게 의미를 전달하게 됩니다. 그렇기 때문에 독자는 내러티브를 읽을 때 (내러티브만 포함되는 것이 아닙니다. 모든 언어가 그러합니다) 반드시 문장 간 전후 관계와 흐름을 파악하려고 노력해야 합니다. 문장들을 볼수록 각각의 문장들은 하나의 거대한 내러티브를 형성하기 위해 마치 실타래처럼 다양한 방식으로 서로 연결되어 있다는 사실을 발견하게 될 것입니다. 그리고 내러티브를 잘 읽기 위해서는 이 연결점들을 따라 읽어야 합니다.

여기서 한 걸음만 더 들어가 보겠습니다. 문장과 문장을 이어가며 의미를 전달할 때 크게 두 가지 다른 형태의 문장이 반복적으로 나타나게 될 것입니다. 중요한 것은 문장에서 전달하고자 하는 내러티브가 논리적으로 앞으로 흘러가는 내러티브가 있습니다. 이것이 내러티브의 뼈대를 형성하기 때문에 가장 기초가 됩니다. 이것을 우리는 전경 (foreground)이라고 말합니다. 성경 내러티브에서 전경에 해당하는 방식이 전체 동사에서 절반 이상 차지하고 있습니다 (보통은 히브리어로 *바익톨* 동사라고 부릅니다). 또 다른 하나는 내러티브가 앞으로 전개되지 않고 멈추어 서 있는 경우를 말하는데, 이런 문장을 우리는 배경 (background)이라고 부릅니다. 보통은 내러티브가 앞으로 흘러가지 않고 그 내러티브에 배경 혹은 선행 정보를 제공하는데, 이럴 경우 히브리어 내러티브는 앞으로 흘러가지 않고 멈춰서게 됩니다. 사실 히브리어에서는 가장 기본적인 히브리어 어순과 동사의 형태에 따라 이런 사항을 쉽게 구별할 수 있습니다. 한국어의 어순은 보통 주어 + 목적어 + 동사 형태를 취합니다. 영어 어순은 한국어와는 다릅니다. 영어는 보통 주어 + 동사 + 목적어 순서를 취합니다. 하지만 히브리어의 경우는 동사 + 주어 + 목적어 어순입니다. 그래서 히브리어에서 문장이 전개될 때 대개는 첫 번째 단어가 동사로 연결되지요. 이럴 경우 이 동사의 연결은 전경을 나타냅니다. 하지만 배경의 경우는 동사로 시작하기보다는 어순을 바꾸어서 주어가 등장하거나 부사가 등장하는 등 동사의 위치가 뒤로 물러나게 됩니다. 그래서 히브리어에서는 대체로 쉽게 배경과 전경을 구별할 수 있습니다.

　　용어를 가지고 설명하니 대단히 복잡해 보이는데, 사실 우리는 이 전경과 배경을 아주 쉽게 구별하고 또 사용하고 있습니다. "나는 오늘 저녁 6시에 어젯밤에 약속했던 장소에서 친구를 만나 함께 갈비탕을 먹었는데 그것은 우리 두 사람 모두가 아주 좋아하는 메뉴였어"라는 문장을 말했을 때 이 표현은 여러 개의 문장이 서로 긴밀하게 연결되어 의미를 전달합니다. 우리는 이 문장에서 전경과 배경을 구별하는 것이 중요합니다. 동사를 따라 읽으면 되는데, 내러티브의 뼈대를 형성하는 전경은 이렇게 흘러갑니다. "나는 오늘 저녁 6시에 친구를 만났다- 함께 갈비탕을 먹었다"가 내러티브의 흐름입니다. 그런데 중간 중간에 내러티브의 흐름과 상관없이 배경지식을 전달하는 문장이 있습니다. "어젯밤에 약속했던" 그리고 "우리 두 사람 모두가 아주 좋아하는 메뉴"라는 말은 흐름에 영향을 주는 것이 아니고 뼈대가 되는 전경을 더 풍성하게 만드는 배경 역할을 합니다. 성경 내러티브에서도 이런 흐름을 그대로 볼 수 있습니다. 창세기 13:1-4까지를 읽어 봅시다.

> 아브람이 애굽에서 나와 그의 아내와 모든 소유와 롯과 함께 네게브로 올라가니 아브람에게 가축과 은과 금이 풍부하였더라
> 그가 네게브에서부터 길을 떠나 벧엘에 이르며 벧엘과 아이 사이 곧 전에 장막 쳤던 곳에 이르니 그가 처음으로 제단을 쌓은 곳이라 그가 거기서 여호와의 이름을 불렀더라

전경은 이러합니다.
아브람이 애굽에서 나왔다
(아브람이) 네게브로 올라갔다 - 그의 아내와 모든 소유와 롯과 함께
(아브람이) 네게브에서부터 길을 떠났다
(아브람이) 벧엘에 이르렀다
(아브람이) 거기서 여호와의 이름을 불렀다

저자는 전경에 영향을 주지 않는 배경지식을 중간 중간에 끼워 넣어서 독자들의 이해를 돕고 있습니다. 가령 2절 "아브람에게 가축과 은과 금이 풍부하였다"라는 문장은 1절의 흐름을 따르는 것이 아니라, 1절의 내용을 설명합니다. 2절은 내러티브가 흘러가는 것이 아니라 앞으로 일어난 일에 대한 배경지식을 미리 알려주는 것입니다. 4절도 마찬가지입니다. 아브람이 벧엘과 아이 사이에 이르렀는데 그곳은 그가 처음으로 제단을 쌓은 곳입니다. 이 표현 역시 내러티브의 흐름과 아무 상관이 없지만, 4절은 독자들에게 중요한 배경지식을 전달합니다. 저자는 왜 내러티브의 흐름을 끊고 멈추어 서서 배경지식을 전달하려고 할까요? 이것이 다음 내러티브에 있어서 중요한 주제가 되기 때문입니다.

첫째, 2절에서 아브람에게 가축, 은과 금이 풍부했다는 사실을 설명해 주는 이유는 앞으로 전개될 13장 내러티브의 주요한 주제를 미리 소개하는 역할을 하기 때문입니다. 창세기 13장 내러티브는 아브람과 조카 롯이 그들의 풍부함 때문에 서로 갈라서는 내용입니다. 6절은 이렇게 말씀합니다: "그 땅이 그들이 동거하기에 넉넉하지 못하였으니 이는 그들의 소유가 많아서 동거할 수 없었음이니라." 결국 2절에서 소유의 넉넉함을 언급하는 것은 13장 내러티브에서 전개될 긴장 관계의 주제를 소개하는 데 의도가 있는 것입니다. 그러니 이런 관점 하에 소유의 넉넉함을 보아야 하지, 단순하게 아브람의 부가 오롯이 애굽에서 얻은 것이라고 말하는 것은 문맥의 의도를 넘어서는 것이 됩니다. 둘째, 본문 3절과 4절에서 배경지식이 되는 설명을 두 번에 걸쳐 반복합니다. 아브람이 도착한 곳이 '벧엘과 아이 사이 곧 전에 장막 쳤던 곳'이었고 그곳은 또한 '그가 처음으로 제단을 쌓은 곳'입니다. 이 배경지식이 중요한 것은 아브람의 여정이 의도가 있다는 사실을 밝히기 때문입니다. 애굽에서 올라오면서 아브람은 의도적으로 자신이 가나안 땅으로 들어왔을 때 먼저 제단을 쌓고 하나님을 예배했던 바로 그 장소를 찾아가고 있음을 말합니다. 12장과 13장에서 아브람이 방문하는 장소를 보면 이것이 더 분명해 집니다 (DeRoche, 127-31).

모레 상수리 나무 (세겜)	창12:6-7
아이와 벧엘 사이의 산	창12:8
네게브	창12:9
애굽	창12:10-20
네게브	창13:1-2
아이와 벧엘 사이의 산	창13:3-17

마므레 상수리 나무 (헤브론)　　창13:18

　　아브람은 애굽에서의 일이 하나님 앞에 무엇인가 잘못된 것임을 깨닫고, 자신이 처음 예배했던 그 장소를 의도적으로 다시 되짚어 가면서 하나님 앞에서 회복하는 시간을 가졌습니다. 그러나 롯의 경우는 전혀 달랐습니다. 아브람의 깨달음과 달리 롯에게 있어서 애굽의 경험은 대단히 좋았던 것으로 보입니다. 삼촌 아브람과 헤어지게 될 때 롯이 땅을 선택하는 기준이 10절에 나옵니다: "이에 롯이 눈을 들어 요단 지역을 바라본즉 소알까지 온 땅에 물이 넉넉하니 여호와께서 소돔과 고모라를 멸하시기 전이었으므로 여호와의 동산 같고 애굽 땅과 같았더라." 롯은 요단 지역을 바라보면서 그곳이 마치 하나님의 동산 같고, 애굽 땅과 같았다고 함으로 롯의 마음 속에 애굽이 마치 에덴동산처럼 풍요롭고 살기 좋은 땅이라는 생각이 있었음을 알려 줍니다. 똑같은 애굽을 보고 올라왔지만, 아브람과 롯의 시선이 전혀 달랐음을 드러냅니다. 결국 13장 2-4절에서 배경지식으로 전하는 것은 창세기 13장 전체의 흐름에 있어서 꼭 필요한 것이었음을 알 수 있습니다. 이렇게 저자는 종종 자신이 전개할 중요한 내러티브의 흐름을 미리 배경지식으로 전달하곤 합니다.

　　그러나 기본적으로 내러티브는 전경을 따라 앞으로 전개되는 내용의 흐름을 따라 읽어야 합니다. 이것이 소위 내러티브의 중심 흐름이기 때문입니다. 성경 동사의 절반 이상이 이 전경의 방식으로 서술되어 있고, 이 흐름을 따라 읽는 것이 성경의 주된 내러티브 흐름을 따르는 길입니다. 때로는 이 전경이 성경해석에도 중요한 영향을 미치기도 합니다. 요나서 1장 3-5절을 예로 들어 보겠습니다.

그러나 요나가 여호와의 얼굴을 피하려고 도망하였다

(요나가) 다시스로 향하였다
(요나가) 욥바로 내려갔다
(요나가) 다시스로 가는 배를 만났다
(요나가) 배에 올랐다
(요나가) 여호와의 얼굴을 피하여 다시스로 향했다

그러나 여호와께서 큰 바람을 바다에 내리셨다
바다 가운데 큰 폭풍이 일어나 배가 거의 깨지게 되었다
사공들이 두려워하여 각각 자기의 신을 불렀다
배를 가볍게 하려고 그 가운데 물건들을 바다에 던졌다

그러나 요나는 배 밑층에 내려가서 누워 깊이 잠들었다.

요나서 1장 3-5절까지는 전경의 방식으로 내러티브가 흘러가는
훌륭한 예를 보여줍니다. 각각의 구절들은 앞의 내용에 뒤이어 연속해
서 일어납니다. 내러티브의 흐름을 따라 읽다 보면 5절의 마지막 대목
에서 멈추어 서게 됩니다. 요나는 폭풍이 내리는 중에도 배 밑층에 내
려가서 잠을 자고 있었습니다. 너무 깊이 잠들어서 폭풍이 와도 선장이
깨울 때까지 몰랐다는 뜻일까요? 그렇게 보면 요나의 책임이 덜해 보이
기는 하지만, 내러티브의 흐름을 놓치는 것입니다. 내러티브의 순서를
따라 가면 요나는 큰 풍랑이 일어나고 사공들이 사투를 벌이고 있을
때에 배 밑층으로 내려가 깊이 잠듭니다. 잠들어서 풍랑을 몰랐던 것이
아니라, 여호와께서 요나 자신 때문에 내리신 풍랑임을 알았음에도 불

구하고 요나는 완고한 마음으로 배 밑으로 내려가서 잠을 청한 것입니다. 내러티브의 흐름은 이렇게 우리가 요나의 인물됨을 어떻게 이해할지에 대해서도 중요한 정보를 줍니다. 이를 강조하기 위해 본문 5절은 요나의 행동을 아주 간단하게 세 개의 동사만을 통해 묘사합니다. 요나는 내려갔고, 누웠고, 잠들었습니다. 요나의 의도성을 강조하기 위해 동사만을 연속적으로 배치하는 것도 저자의 의도가 엿보이는 대목입니다. 사실 이를 더 강조하기 위해 깊이 잠들었다는 표현이 히브리어 동사로는 '스스로'를 포함해서 읽어야 할 '닢알 형'으로 되어 있습니다. 그러기 때문에 내러티브 본문을 읽을 때면 내러티브의 주된 흐름을 따라 앞으로 나아가는 전경을 가장 중요하게 생각하며 읽어가야 합니다.

지금 언급한 것처럼 전경의 빠른 진행 즉 동사를 연속적으로 배치하는 것은 내러티브의 생동감을 전달하는 또 다른 방식이기도 합니다. 동사가 연속적으로 묘사되는 것은 동사의 주어가 아무런 거리낌이나 주저함 없이 행동하고 있음을 즉 어느 정도의 의도성을 나타낸다는 것을 다음을 통해서도 알 수 있습니다.

> 야곱이 떡과 팥죽을 에서에게 주매 에서가 먹으며 마시고 일어나 갔으니
> 에서가 장자의 명분을 가볍게 여김이었더라 (창25:34)

이 본문은 에서의 행동을 특이하게도 동사 5개를 한 문장 안에 그대로 나열합니다. 에서가 야곱의 떡과 팥죽을 먹기 위해 장자의 명분을 파는 것에 있어서 어떠한 주저함도 보이지 않음을 강조하는 방식입니다. 그는 먹고, 마시고, 일어나, 갔고, 장자의 명분을 가볍게 여겼습니다. 이것은 배고픔이라는 어쩔 수 없는 상황에서 장자권을 넘겨준 것이 아니라, 그가 장자권을 넘기는 일에 어떠한 주저함도 없었음을 폭로합니다.

    마찬가지로 창세기 38장 2-3절은 유다의 행동을 이렇게 묘사합니다: "유다가 거기서 가나안 사람 수아라 하는 자의 딸을 보고 그를 데리고 동침하니 그가 임신하여 아들을 낳으매 유다가 그의 이름을 엘이라 하니라…" 지금 유다는 거침없이 여인을 보고, 취하고, 동침했고, 여인은 임신하고 아들을 낳았습니다. 사실 이것은 3-5절까지 반복되는 내러티브이기도 합니다. 결국 유다는 아버지의 집을 떠나 가나안 땅에 정착하고, 가나안 여인을 취하여 아이를 낳는 과정에 어떤 거리낌이나 주저함도 없었다는 사실, 오히려 적극적으로 그 일을 진행하고 있음을 보여 줍니다. 한 가지 예를 더 들어 보겠습니다. 창세기 28장 10-12절에서 야곱의 행동을 묘사하는 주 동사가 무려 8개나 사용되었습니다.

> 야곱이 브엘세바에서 떠났다. 하란으로 향하여 갔다. 한 곳에 이르렀다. 거기서 유숙했다. 그곳의 한 돌을 가져왔다. 베개로 삼았다. 거기 누웠다. 꿈을 꾸었다

    독자들은 이런 동사의 연속을 보면서 야곱이 얼마나 급하게 도망쳤는지 그림처럼 느낄 수 있습니다. 그가 브엘세바를 떠나 한 장소 (벧엘)에 이르렀을 때, 그는 파죽지세가 되어 있었을 것입니다. 걸음아 날 살려라 하는 마음으로 쉼없이 달리고 또 달린 듯한 이미지를 동사를 연속해서 사용함으로 독자들에게 전달하고 있는 것이지요.

    이렇게 성경 저자는 연속되는 동사의 흐름을 통해 내러티브를 전개합니다. 하지만 내러티브 진행 중간 중간에 저자는 계속해서 배경 지식을 독자들에게 전달하는 방식으로 독자들이 내러티브를 제대로 이해하도록 안내합니다. 그러니 배경지식에 해당되는 문장을 만날 때

면 독자는 '도대체 저자가 왜 이 시점에 이것을 굳이 설명하고 있지?'라는 질문을 던져야 합니다. 창세기 13장 1절에서 아브람이 롯과 함께 올라왔음을 언급하면서 가축과 은과 금이 풍부하였다고 말하는 것은 롯과 재산의 풍부함이라는 주제가 앞으로 이어질 창세기 13장 내러티브의 중요한 갈등 요소가 될 것임을 암시합니다. 마찬가지로 3절과 4절에서 배경지식으로 "전에 장막 쳤던 곳" 그리고 "그가 처음으로 제단을 쌓은 곳"이라고 소개하는 것은 아브람이 약속의 땅 가나안을 떠나 애굽으로 내려갔다가 단순히 가나안 땅으로 돌아왔다는 사실만을 언급하는 것이 아니라, 아브람이 마음으로 의도하고 처음 제단을 쌓았던 곳으로 돌아와 하나님 앞에서 새롭게 시작하고자 한다는 사실을 더 구체적으로 설명하는 것입니다. 그러므로 성경 내러티브를 생생하게 잘 읽어가기를 원한다면 문장과 문장을 읽어갈 때 과연 이 문장은 앞으로 나아가는 전경인가, 멈추어 서서 독자들에게 더 구체적인 지식을 제공하는 배경인가를 구별하면서 읽어가야 합니다. 배경을 읽을 때 독자는 저자가 배경지식을 전달하는 이유가 무엇인가? 라고 한 번 더 질문해 보면 성경을 이해하는데 훨씬 더 유익하게 될 것입니다.

004

시간의 흐름에 역행하는 회상 (Flashback)과
전조 (Foreshadowing) 이해하기

004

시간의 흐름에 역행하는 회상 (Flashback)과 전조 (Foreshadowing) 이해하기

바로 앞 장에서 성경 내러티브에 있어서 흐름의 중요성을 말했는데, 이 단락에서는 흐름을 깨뜨리고 시간을 거꾸로 돌리는 방식이 사용되는 부분들을 살펴 보겠습니다. 이런 방식이 종종 사용되는데, 시간이 한참 지난 이후에 앞의 시점으로 내러티브를 되돌리는 방식을 회상 (Flashback)이라고 할 수 있고, 사건이 일어나기도 전에 미리 그 사건을 짐작하게 하는 방식 즉 시간을 한참 앞질러 서술하는 방식이 전조 (Foreshadowing)라고 할 수 있습니다. 이러한 형식적 구분에 소위 예기 (Prolepsis)와 후기 (Analepsis)같은 것도 포함시켜서 함께 생각해 볼 수 있겠습니다. 말 그대로 예기는 뒤에서 일어날 사건을 미리 예상하고 먼저 기록하는 양식인데 사실 문학적인 기법으로는 후기에 비해 덜 사용되고 있습니다. 하지만 선지자의 예언을 이와 같은 범주에 둘 수 있다면 예기는 선지서에서 훨씬 더 광범위하게 발견할 수 있을 것입니다.

성경 내러티브는 대체로 연대기적인 순서를 따르고, 무엇보다도 서술 자체는 앞에서 언급했던 전경 (foreground)을 따라 앞으로 진행합니다. 그러나 회상은 연대기적인 순서를 따르지 않습니다. 회상 기법이 사용되면 그 사건은 현재 기록되는 시간이 아니라, 그 보다 더 앞선 시간의 사건을 말함으로써 내러티브에 새로운 정보를 제공하는 방식입니다. 영화나 드라마에서도 이런 방법을 자주 사용합니다. 영화나 드라마는 시간 순서를 따르지만, 자주 등장인물의 회상 신을 통해 독자들에게 그 당시에는 몰랐던 새로운 정보를 제공하기도 합니다. 1999년도에 개봉되었던 식스센스(The Sixth Sense)라는 영화가 이런 반전을 극대화시킨 예라고 할 수 있겠습니다. 아동 심리학자인 말콤 크로우라는 주인공이 자신의 환자에게 총상을 입는 장면이 서두에 있습니다. 그리고 그 이듬해 죽은 사람을 본다는 8살된 어린 소년을 상담하게 됩니다. 그렇게 영화는 죽은 사람의 환영을 보는 어린 아이를 헌신적으로 돌보는 상담사의 관점에서 이야기가 전개됩니다. 충격적인 반전은 마지막에 등장합니다. 사실은 말콤 자신이 한 해 전 총격 사건때 죽었다는 것을 깨닫게 되었던 것이지요. 1년 전 내러티브에는 포함되어 있지 않던 이 반전 사실은 영화를 보는 이들의 마음에 충격을 던져주고, 이전의 모든 내용들을 새롭게 재해석하게 합니다. 영화는 더 이상 죽은 사람을 보는 어린아이를 상담하는 내러티브가 아니라, 죽은 자신이 어린 아이를 찾는 내러티브가 된 것이지요. 여기 영화가 심어놓은 기법이 바로 회상 기법입니다.

성경의 내러티브로 들어가 보겠습니다. 성경의 저자도 독자들에게 보다 생동감있게 전달하고 기억되게 하기 위해 이러한 회상 기법을 사용하고 있습니다. 창세기 34장에 등장하는 디나의 강간 사건을 예로 들 수 있습니다. 이 부분에 대해서는 마이어 스턴버그가 쓴『성경 내러티브의 미학』이라는 책에서 자세히 연구되어 있습니다. 창세기 34장을 간단하게 요약하면 다음과 같습니다. 야곱의 딸 디나가 세겜 땅의 딸들을 보기 위해 그 땅으로 내려갔다가 그 땅의 추장 세겜에게 강간을 당하고 말았습니다. 그런데 세겜은 마음으로 디나를 사랑하여 자신의 아버지에게 디나와의 결혼을 성사시켜 달라고 간청합니다. 아버지는 아들의 마음을 받아 야곱에게 와서 디나와의 결혼을 허락해 달라고 요청합니다. 그러자 야곱의 아들들이 돌아와서는 거짓으로 세겜과 그 민족을 속이고 할례를 행하게 하였고 할례의 고통이 극심할 때 야곱의 아들들이 여동생 디나를 욕보인 세겜과 그 마을 사람들을 죽이고 약탈하는 내용입니다. 얼핏보면 비록 세겜이 디나를 욕보이긴 했으나 그녀를 마음으로 흠모하고 책임지려는 자세를 가진 인물로 비춰지고, 세겜의 아버지 하몰 역시 훌륭한 인품과 자세를 가진 사람처럼 비춰집니다. 반전은 26절에 나옵니다. 성경은 강간을 당했던 디나가 어디에서 어떤 상태에 있었는지에 대해서 전혀 정보를 주지 않다가 26절에 와서 "칼로 하몰과 그의 아들 세겜을 죽이고 디나를 세겜의 집에서 데려오고"라고 말합니다. 여기서 독자는 디나가 아직도 세겜의 집에 감금되어 있었단 말인가? 라는 깨달음을 얻게 됩니다. 겉으로는 친절하고 신중하게 결혼을 제안하고 있지만, 정작 디나를 집에 가두어 두고 야곱에게 돌려주지 않고 있는 그들의 악함을 26절에 와서야 폭로합니다. 그러고 나니 내러티브가 진행되는 동안 하몰과 세겜이 보여주는 친절과 제안이 긍정적이지 않았다는 사실을 알게 됩니다. 26절은 이렇게 독자들에게 내러티브가 진행되는 동안 전해주지 않았던 새로운 사실을 제공함으로 독자들이 내러티브를 다시 재조명하고 재해석하게 만드는 것입니다.

창세기 20장에서도 이런 예를 찾을 수 있습니다. 아브라함이 그랄 땅의 아비멜렉에게 내려가서 사라를 자기 누이라고 속인 내러티브입니다. 이 사건은 창세기 12장에 이어 두 번째로 나온 것이기 때문에 사실 12장과 관련해서 읽어가는 것이 필요합니다. 전형 장면 (type-scene)

이라는 기법으로 아내/여동생 내러티브를 읽을 수 있는데 이것은 다음에 다시 다루겠습니다. 아브라함이 사라를 여동생이라고 하자, 아비멜렉이 사라를 데리고 가서 아내로 취합니다. 그런데 그 밤에 하나님께서 아비멜렉에게 꿈으로 나타나셔서 사실을 알려주시고 엄중하게 경고하십니다. 7절이 이렇게 표현합니다: "이제 그 사람의 아내를 돌려보내라 그는 선지자라 그가 너를 위하여 기도하리니 네가 살려니와 네가 돌려보내지 아니하면 너와 네게 속한 자가 다 반드시 죽을 줄 알지니라." 이에 아비멜렉이 아브라함을 불러 질책하며 사라를 아브라함에게 돌려보냈고, 아브라함은 아비멜렉을 위해 기도합니다. 여기까지 읽어가면 하나님께서 아비멜렉에게 심판을 경고하신 것으로 이해하기 쉽습니다. 그런데 마지막 17-18절에 가면 전혀 다른 정보가 제공됩니다. "아브라함이 하나님께 기도하매 하나님이 아비멜렉과 그의 아내와 여종을 치료하사 출산하게 하셨으니 여호와께서 이왕에 아브라함의 아내 사라의 일로 아비멜렉의 집의 모든 태를 닫으셨음이더라" 18절의 말씀을 읽는 순간 독자들에게 반전 정보가 주어집니다. 아비멜렉이 사라를 취한 그 밤에 (3절) 하나님께서 꿈에 나타나셔서 경고만 하신 줄 알았는데 18절을 보니 하나님께서 먼저 심판의 엄중함을 아비멜렉으로 하여금 알도록 실행하셨음을 볼 수 있습니다. 하나님의 적극적인 행하심을 강조하기 위해 저자는 이 정보를 내러티브가 진행되던 시점에 알려주지 않고 시간이 지난 다음에 이 정보를 던져주어 마지막에 반전을 주고 이를 통해 하나님께서 아브라함을 위해 훨씬 더 적극적으로 일하셨음을 더욱 강조하고 있습니다.

　　요셉 내러티브에서 한 가지 예를 더 찾아보겠습니다. 요셉이 바로왕의 꿈을 해석한 것처럼, 애굽 땅에 7년의 풍년이 지났고, 그 후 2년 동안 흉년이 계속되자, 각국에서 사람들이 곡식을 구하기 위해 요셉에게로 나아왔습니다. 그 무리들 중에는 요셉의 형들도 있었습니다. 요셉은 형들을 알아보고 그들을 시험하기 위해 형들을 정탐꾼으로 몰아 세우고, 사흘 동안 감옥에 가두어 둡니다 (창42:17). 사흘 만에 그들을 불러내어 막내 아우 베냐민을 데려오라고 말합니다. 그 때 21절에서는 형제들이 서로 말하는 대목이 나옵니다. 물론 그들은 요셉이 자신들의 말을 알아들을 것이라고 전혀 생각지 못한 채 나눈 대화였지요. 21절은 이렇습니다: "그들이 서로 말하되 우리가 아우의 일로 말미암아 범죄하였도다 그가 우리에게 애걸할 때에 그 마음의 괴로움을 보고도 듣지 아니하였으므로 이 괴로움이 우리에게 임하도다." 사실 이 내용은 요셉도 알고 형제들도 알고 있던 내용입니다. 다만 글을 읽는 독자들에게는 숨겨졌던 이야기지요. 창세기 37장에서 형들이 요셉을 팔기 위해 구덩이에 그를 던져 넣고 밤을 샜는데 그 동안 구덩이 안에서 무슨 일이 있었는지 전혀 말하지 않았습니다. 창세기 37장 24-25절은 단순하게 "그를 잡아 구덩이에 던지니 그 구덩이는 빈 것이라 그 속에 물이 없었더라 그들이 앉아 음식을 먹다가 눈을 들어 본즉…"이라고만 언급합니다. 형들이 구덩이 밖에서 불을 피우고 둘러 앉아 음식을 나눌 때 요셉은 무엇을 하였을까요? 37장에서 언급하지 않지만, 42장에 와서 회상 기법을 통해 그 밤에 요셉은 구덩이에서 형들에게 "애걸"하고 있었음이 밝혀 집니다. 마음의 괴로움을 표하며 애걸하였지요. 아마도 살려달라고 목이 쉬도록 부르짖었을 것입니다. 그럼에도 불구하고 형들은 그 동생의 마음의 괴로움을 뒤로한 채 태연하게 떡을 나누었다는 뜻입니다. 형들의 완고함이 부각되는 동시에 요셉이 지금 가지고 있을 마음의 상처와 눈물이 어떠할지 짐작하게 하는 대목입니다. 회상 기법은 이렇게 원래 사건이 일어나는 시간에는 침묵하다가 나중에 그 침묵에 대해 대답하면서 내러티브가 더 탄탄해질 뿐만 아니라 독자들에게 반전을 느끼도록 함으로써 내러티브를 새롭게 재조명하게 하는 것입니다.

　　마지막 예는 다시 요나서에서 찾아보겠습니다. 요나 4장 2절은 이렇게 말씀합니다: "여호와께 기도하여 이르되 여호와여 내가 고국에 있을 때에 이러하겠다고 말씀하지 아니하였나이까 그러므로 내가 빨리 다시스로 도망하였사오니 주께서는 은혜로우시며 자비로우시며 노하기를 더디하시며 인애가 크시사 뜻을 돌이켜 재앙을 내리지 아니하시는 하나님이신 줄을 내가 알았음이니이다." 요나서 1장에서는 알려지지 않았던 새로운 정보가 여기 소개되어 있습니다. 요나서 1장은 하나님께서 명령하셨을 때, 요나가 하나님의 명령을 피해 도망친 내용만 나오는데, 4장에 이르러서 당시 요나가 하나님께 그 부르심의 결과가 어떠할지에 대해서 충분히 말씀드렸다는 사실을 알려줍니다. 그러므로 4장 2절에 나오는 하나님의 성품에 대한 신앙고백은 시간적으로 하나님께서 니느웨성을 용서하신 이후에 요나가 새롭게 한 고백이 아닙니다. 요나는 하나님이 어떠한 분이신지 처음부터 알고 있었고, 자신이 니느웨로 갔을 때 어떤 결과가 일어날지도 알고 있었습니다. 그러니 1장에서 요나가 하나님의 뜻에 무지하거나, 하나님의 어떠하심을 모른채 도망치다가 나중에 물고기 뱃속에서 정신차리고 사명 감당한 내러티브가 아닌 셈입니다. 요나가 4장에 와서야 하나님께 불평하고 부르짖은 것이 아니라, 1장에서부터 4장에 이르기까지 변함없이 하나님께 불평하고 있었으며, 요나의 인물 묘사에 있어서 어떤 변화도 없었음을 확인할 수 있습니다. 이처럼 회상 (Flashback)은 내러티브가 기록된 시점은 실제 사건이 일어난 이후이고, 이로써 실제 사건 자체에 대해 새로운 정보를 제공함으로 내러티브를 새롭게 이해하도록 돕는 것입니다.

　　반대로 전조 (Foreshadowing)는 실제 사건이 일어나기 전에 그 사건에 대해 미리 경험하도록 시간을 앞으로 돌리는 장치입니다. 가령 창세기 12장에서 아브람이 애굽으로 내려갔다가 가나안 땅으로 돌아오는 사건은 400년 후 이스라엘이 실제로 출애굽 할 미래를 예표하는 사건으로 볼 여지가 있습니다. 그런 점에서 아브람의 출애굽과 이스라엘의 출애굽은 사건 자체의 흐름이나 사용된 언어의 유사성이 뚜렷합니다.[2]

출애굽기 4장 24-26절은 성경에서 가장 해석하기 어려운 본문 중의 하나입니다. 출애굽기 3-4장에 걸쳐서 애굽으로 가지 못한다고 변명으로 일관하는 모세를 부르시고 여섯 번이나 인내하시며 설득하셔서 결국 애굽으로 돌아가게 하신 분이 하나님이 아니십니까! 그런데 하나님께서 사명을 가지고 떠나는 모세의 집안에 굉장히 이상한 일을 하는 것처럼 보입니다.

> 모세가 길을 가다가 숙소에 있을 때에 여호와께서 그를 만나 그를 죽이려 하신지라. 십보라가 돌칼을 가져다가 그의 아들의 포피를 베어 그의 발에 갖다 대며 이르되 당신은 참으로 내게 피 남편이로다 하니. 여호와께서 그를 놓아 주시니라. 그 때에 십보라가 피 남편이라 함은 할례 때문이었더라
> (출4:24-26)

---

2) 이에 대한 보다 구체적인 이야기는 다음을 보라. John H. Sailhamer, "The Cannonical Approach to the OT: Its Effect on Understanding Prophecy," JETS 30.3 (1987): 311-14. 세일헤머는 창세기 12:10-13:4과 창세기 41-출애굽기 12장까지의 언어와 주제의 유사성을 구체적으로 비교했다. 하지만, 창세기 12장 10-20절에 대한 논의는 창세기를 넘어 출애굽기와의 연결점을 찾기 전에 먼저 창세기 족장 이야기 안에 있는 아내/여동생 이야기 패턴에 기초해서 먼저 해석할 필요가 있다.

비록 24절의 첫 단어가 "모세"라고 되어 있지만, 실제 히브리어 성경에서는 3인칭 단수 대명사인 "그"가 사용되었습니다. 그러니 섣불리 모세라고 단정하는 것은 조심스러운 일입니다. 위 본문 전체에 걸쳐 3인칭 남성 단수가 누구를 지칭하는지는 해석하기 쉽지 않은 것이 현실입니다. 모세라고 볼 수도 있고 모세의 장자라고 볼 수도 있습니다. 하나님께서 가라고 명하시고는 곧장 그를 죽이시는 것이 하나님의 의도라고 단정하기 어렵기 때문에 다른 질문이 필요합니다. 다만 왜 이런 일이 일어나게 하셨는가? 혹은 이런 일들을 통해 모세에게 무엇을 가르치려 하신 것인가? 라는 질문을 해봐야겠습니다. 사실 이 내러티브에서 사용된 단어, 표현 등은 후일 이스라엘이 직접 경험할 유월절 사건과 상당히 많이 닮아 있습니다. 출애굽기 2장에서 모세가 물에서 건짐받는 내러티브가 결정적으로 이스라엘이 경험할 미래를 예표하고 있는 것처럼 모세의 가정이 경험하는 죽음의 위협과 피, 피를 바르는 의식 등은 이스라엘이 출애굽할 때 경험할 유월절을 미리 경험하게 하는 역할을 하고 있는 것입니다. 그러므로 모세는 지금 앞으로 이스라엘 백성들이 경험할 유월절을 미리 경험하고 있는 것입니다. 전조 기법으로 이해할 때 본문이 더 분명해 질 것 같습니다.

모세가 우리에게 전달하는 또 다른 전조는 아마도 말하는 당나귀 내러티브에서 찾을 수 있겠습니다 (민22장). 이스라엘이 모압 평지에 이르렀을 때 모압왕 발락과 이방 선지자 발람 사이의 내러티브입니다. 이스라엘 백성들은 이미 아모리왕 시혼을 몰아낸 이후였기 때문에 발락은 심한 두려움에 휩싸였습니다. 발락은 선지자 발람을 찾아서 이스라엘을 저주해 주기를 간청하기에 이르는데 이 내러티브는 현재 지점에서 출애굽기 4장 24-26절과 유사한 전개가 이어집니다. 하나님께서 친히 발람 선지자에게 모압왕 발락의 부름에 응하여 길을 가도록 하셨지만, 정작 그 앞에 하나님의 사자를 보내셔서 그를 죽이려고 하십니다. 그러나 선지자 발람은 하나님의 사자를 보지 못했고, 발람이 타고 가던 나귀가 하나님의 사자를 보고 피합니다. 무려 세 번에 걸쳐서 발람은 보지 못하고, 나귀는 봅니다. 이 사건을 통해 하나님께서는 발람에게 하나님께서 자신에게 일러주시는 말씀만 전하도록 강력하게 요구하십니다 (민22:20, 35). 이후 발람은 세 번에 걸쳐서 이스라엘 백성들을 "보고" 그들을 향한 하나님의 축복을 선언합니다. 결국 발람의 '보지 못함'과 '봄'이라는 중심 주제가 본문 전체에 흘러갑니다. 말하는 당나귀 내러티브는 이렇게 사명을 받아 떠나는 발람에게 앞으로 자신이 감당해야 할 세 번의 사역을 미리 예견케 하는 문학적 전조로서 역할하고 있습니다.

실제 일어나는 사건보다 시간적으로 먼저 말하는 것을 예기라고 했는데, 좀 더 넓은 의미에서 예기는 다양하게 본문 안에 존재합니다. 하나님께서 직접 말씀하시거나 당신의 사자를 보내셔서 미래를 알려주시는 경우도 있고, 선지자를 세우셔서 미래를 예견케 하시는 경우들이 많습니다. 문학적인 입장에서 본다면 성경은 다양하게 미래에 미리 동참하는 기법을 사용합니다. 창세기에 종종 등장하는 간단한 예는 바로 족보(히, 톨레도트) 목록에 있습니다. 창세기 11장 27-32절의 데라 족보와 창세기 22장 20-24절의 나홀 족보는 서로 연결되어 아브라함 내러티브 전체를 감싸는 역할을 합니다. 동시에 이 두 족보는 앞으로 나오게 될 아브라함 내러티브와 이삭 내러티브에 등장할 중심인물들을 선택적으로 미리 공개하면서 미래 내러티브에 동참합니다. 두 족보는 모두 족보의 중심에 여성을 등장시킵니다. 데라의 족보는 아래와 같이 구조화 할수 있습니다.

데라와 자손들의 톨레도트 (27절)

갈데아 우르: 하란의 죽음 (28절)

아브라함과 사라, 나홀과 밀가의 결혼 (취함) (29절)

사라의 무자함 (11:30)

데라가 아브라함, 사라, 롯을 취하여 떠남 (31a)

갈데아 우르를 떠나 하란에 머무름 (31b)

데라의 삶과 죽음을 요약(32절)

마찬가지로 창세기 22장의 나홀의 족보도 아래와 같이 구조화할 수 있습니다.

밀가가 나홀에게 아들들을 낳음 (22:20)

나홀의 자녀들 (22:21-22)

리브가의 출생 (22:23a)

밀가가 아들들을 낳다 (11:23b)

또 다른 아내가 나홀에게 아들들을 낳음 (11:24)

앞으로 진행될 아브라함 내러티브에서 사라의 무자함은 올바른 해석을 위한 중요한 요소입니다. 마찬가지로 나홀에게 있는 열두 명의 아들들 중에 브두엘의 딸인 리브가만을 중심에 두고 소개됩니다. 이렇게 족보는 단순히 목록으로만 기능하는 것이 아니라, 앞으로 등장할 인물을 미리 소개함으로 미래에 동참하는 역할을 구체적으로 하고 있습니다.

성경을 읽어감에 있어서 시간적인 순서에 따라 내러티브를 이해하는 것은 가장 기본적인 일이지만, 이렇게 여러 상황에서 성경의 저자는 신학적인 메시지를 생생하게 전달하기 위해 다양한 방법으로 시간의 흐름을 깨뜨립니다. 그리고 시간의 흐름을 깨뜨리면서 저자가 내러티브를 묘사할 때 저자의 문학적 의도와 신학적 중요성이 내재되어 있음을 잊어서는 안될 것입니다.

005

성경은 반복을 좋아합니다
- 성경 내러티브에서 반복 이해하기

005

성경은 반복을 좋아합니다
- 성경 내러티브에서 반복 이해하기

   현대인들은 글을 쓸 때 동일한 단어, 표현, 혹은 내용 자체가 반복되는 것을 싫어합니다. 유시민 작가는 강연을 통해서 학생들이 레포트를 제출할 때 한 페이지 안에 똑같은 표현이 여러 차례 나오면 좋은 점수를 주지 않는다고 말했습니다. 그는 책을 많이 읽고 글 쓸 준비가 되었을 때는 심지어 30페이지가 넘어갈 때까지 똑같은 표현이 반복되지 않도록 의식적으로 노력한다고 말했습니다. 영어 표현도 마찬가집니다. 영어로 글을 쓸 때 유의어 사전 등을 펼쳐놓고 동일한 단어를 자주 사용하지 않기 위해 다른 여러 표현들을 바꿔가면서 글을 쓰도록 합니다. 이처럼 현대인들은 글을 쓸 때, 반복을 싫어하거나 혹은 표현이 반복되면 최소한 훌륭한 글쓰기가 아니라고 생각한다는 뜻입니다.

   이런 현대 서구화된 글쓰기 관점을 가지고 성경 내러티브를 읽으면 꽤 당혹스러운 순간들이 있습니다. 성경은 자주 단어, 표현, 사건 자체를 반복하는 경향이 있기 때문이지요. 성경에 지속적으로 나타나는 반복이 익숙하지 않기 때문에, 현대인들은 성경 내용들을 진부하게 느끼곤 합니다. 좀 더 심각하게 본다면, 현대 학자들이 성경에 나타나는 반복을 볼 때 저자의 의도라는 생각을 하기보다는 너무 쉽게 다른 저자들의 글을 짜깁기한 결과라고 결론내릴 때가 많습니다.

한 예로, 창세기 12장에 아브람이 가나안 땅에서 맞닥뜨린 기근 때문에 애굽으로 내려가는 내러티브가 있습니다. 자기 목숨이 걱정이 되었던 아브람은 애굽 사람들 앞에서 아내를 여동생이라고 속입니다. 그런데 문제는 아주 유사한 사건이 창세기 20장과 26장에 두 번 더 나온다는 사실입니다. 꽤 많은 비평학자들이 본문에 등장하는 반복의 의도성을 따지기보다 쉽게 다른 자료라고 결론 지어왔습니다. 창세기 12장은 하나님의 이름을 여호와라고 사용하니 J 문서고, 20장은 엘로힘이라고 사용하니 E 문서라고 주장합니다. 물론 26장은 다시 여호와라는 이름을 사용하기 때문에 J 문서에 포함시킵니다. 이런 분석은 다분히 기계적인 적용입니다. 그러다 보니 J 문서가 역사적으로 E 문서보다 더 늦은 시기의 작품이라고 주장하면서도, J 문서인 26장이 E 문서인 20장의 뒤에 나오는 모순적인 상황을 연출하게 되는 것이지요.

성경을 자세히 읽다 보면 저자는 반복이라는 문학적 기법을 의도적으로, 그리고 자주 사용하고 있음을 확인할 수 있습니다. 이런 반복은 실수나 우연이 아닙니다. 편집의 산물은 더더욱 아닙니다. 저자의 의도와 선택의 결과이지요. 그러므로 우리는 성경을 읽을 때 반복되는 표현이나 내러티브를 섣불리 지겹게 여기거나 무의미한 낭비라고 생각하는 습관에서 벗어나서 반복이 일어날 때 한 번 더 주목해 보아야 합니다. 반복은 강조이기 때문입니다.

소리의 반복

성경에서 반복은 아주 광범위하게 일어납니다. 히브리어는 가장 작은 단위인 자음이나 모음의 반복에서부터 아주 큰 단위인 내러티브의 반복에 이르기까지 다양한 형태의 반복을 포함하고 있습니다. 최소 단위의 반복은 바로 자음이나 모음, 그리고 소리 자체의 반복에 있습니다. 아브람이라는 이름은 사실 내가 축복할 것이다(I will bless)를 뜻하는 히브리어 *아브레카*와 어감이 아주 비슷합니다. 아브람에게 "내가 너를 축복하겠다"고 말씀하시는 하나님의 말씀은 히브리어로 훨씬 더 생동감이 있습니다. 소리의 반복이라는 관점에서 요나서 2장의 구원에 대한 감사 기도를 읽으면 전혀 색다르게 읽어질 수 있습니다. 왜냐하면 요나가 구원에 대한 감사를 드림에 있어서 "나" "나의" 등을 뜻하는 히브리어 어미인 "-니"를 지속적으로 사용하고 있기 때문입니다. 그러다가 마지막에 그런 자신과 헛된 것을 숭상하는 이들에 대한 강력한 대조를 할 때면 요나가 자신의 목숨을 살려주신 하나님께 감사할 줄은 알면서도 자신을 통해 이방인들의 목숨을 구하고 싶어하시는 하나님의 마음을 여전히 깨닫지 못하고 있음을 여실히 느낄 수 있습니다. 이것을 성경은 단순한 서술로 전달하지 않고 소리의 반복을 통해 독자들이 생생하게 느끼도록 하지요. 히브리어 성경에서 자주 볼 수 있는 이런 반복을(한국어 성경에서는) 충분히 느낄 수 없다는 것이 아쉬운 일이기는 합니다. 특별히 히브리어 시의 평행법을 다룰 때 훨씬 더 아쉬움이 커집니다. 이런 현상은 히브리어에서만 나타나는 특징은 아닙니다. 우리나라의 시나 시조 등을 보더라도 우리는 아주 쉽게 이런 반복을 확인할 수 있습니다.

단어의 반복

반복 기법의 사용을 단어의 영역까지 확대해 봅시다. 성경은 자주 주요한 단어를 반복해서 저자의 메시지나 뉘앙스를 강조하는 경향이 있습니다. 이럴 경우 중심 단어들은 하나의 문장이나 문단 안에서 계속 동일한 단어로 등장하면서 독자들의 주의를 끌어냅니다. 아주 쉬운 예를 들어 보겠습니다. 다윗의 아들 압살롬이 아버지 다윗에게 반기를 들었을 때, 그는 마지막 전투에서 요압의 손에 죽임을 당했습니다. 이 소식을 들은 다윗이 슬픈 마음으로 울며 말하는 대목이 있습니다. 삼하 18:33입니다:

> 왕의 마음이 심히 아파 문 위층으로 올라가서 우니라.
> 그가 올라갈 때에 말하기를
> 내 아들 압살롬아 내 아들 내 아들 압살롬아
> 차라리 내가 너를 대신하여 죽었더면,
> 압살롬 내 아들아 내 아들아 하였더라

이 한 구절에서 다윗의 슬픈 마음은 압살롬의 죽음 소식을 들은 그의 말 속에 잘 묻어납니다. 여기서 주목할 것은 다윗이 "내 아들"이라는 표현을 33절 한 절 안에 무려 다섯 번이나 사용하고 있다는 점입니다. 이유야 어떻든 다윗은 아들과의 갑작스럽고도 영원한 이별이라는 슬픔에 빠져서 전장에서 목숨을 걸고 싸웠던 병사들을 위로할 정신조차 없는 당시의 상황을 "내 아들"이라는 단어의 반복을 통해 보여주고 있습니다.

표현의 반복 – 문법

단어의 반복뿐만 아니라, 우리는 일정한 문법의 반복도 자주 관찰할 수 있습니다. 가령 시편 100편은 똑같은 단어는 아니지만, 명령법을 총 7차례 반복합니다.

온 땅이여 여호와께 즐거운 찬송을 **부를지어다**

기쁨으로 여호와를 **섬기며**

노래하면서 그의 앞에 **나아갈지어다**

여호와가 우리 하나님이신 줄 너희는 **알지어다**. 그는 우리를 지으신 이요

우리는 그의 것이니 그의 백성이요 그의 기르시는 양이로다

감사함으로 그의 문에 **들어가며** 찬송함으로 그의 궁정에 (들어가서)

그에게 **감사하며**

그의 이름을 **송축할지어다**

여호와는 선하시니 그의 인자하심이 영원하고 그의 성실하심이 대대에

이르리로다

위 본문에 나타난 각각의 명령법은 서로 대칭을 이루는데 대칭되지 않는 하나, 즉 네 번째 명령법에서 구조적으로 가장 중요한 메시지를 전달하고 있습니다. 문법의 반복을 볼 때 좀 더 범위를 넓혀볼 수도 있습니다. 창세기 12장과 22장에서 그 예를 찾을 수 있습니다. 두 내러티브는 모두 하나님께서 아브라함을 부르시는 장면인데, 다음과 같이 요약할 수 있습니다.

창세기 12장 1절	창세기 22장 2절
가라	가라

너의 고향으로부터	너의 아들
너의 친척으로부터	너의 사랑하는 독자
너의 아버지의 집으로부터	이삭을 데리고
내가 보여줄 땅으로	모리아 땅으로

문법적으로는 거의 동일한 패턴임을 볼 수 있습니다. 이런 반복에 주목한다면, 창세기 12장 1절의 부르심이 아브람 내러티브의 시작점이며, 창세기 22장 2절의 부르심은 아브라함 내러티브의 절정이자 마무리라는 사실을 독자들이 더 분명히 이해할 수 있습니다.

주제의 반복

주제의 연속이라는 측면에서 한 문단과 내러티브를 넘어서는 단어의 반복도 있고, 심지어 책의 범위를 넘어서는 주요 단어의 반복도 발견할 수 있습니다. 창세기 3장에서 아담과 하와는 선과 악의 지식의 나무 열매를 보고, 취하여, 먹었다고 표현합니다. 그런데 창세기 6장에서 하나님의 아들들이 사람의 딸들을 보고 취합니다. 마찬가지로 창세기 38장에서 유다가 아버지의 집을 떠나 가나안 땅에 정착할 때 그가 가나안 땅에서 한 여자를 보고, 취하고, 동침합니다. 동일 단어나 표현을 반복함으로 아담과 하와의 선택이 잘못되었던 것처럼 유다의 결혼이 잘못 흘러가고 있음을 폭로하는 것입니다. 어쩌면 상관없어 보이는 내러티브처럼 느껴지지만, 성경의 저자는 실제적인 연결점들을 단어의 반복을 통해 만들어 둔 것입니다.

"동쪽"이라는 모티프의 반복을 살펴봅시다. 아담과 하와가 범죄한 후 하나님은 에덴 동산에서 그들을 쫓아내셨고, 그들은 에덴의 동쪽에 거주합니다 (창3:24). 후일 가인이 동생 아벨을 죽인 뒤 하나님께서 내리신 형벌로 여호와 앞을 떠나게 되었을 때, 가인 역시 에덴 동쪽 놋 땅에 거주합니다 (창4:17). 같은 맥락에서 노아의 홍수 이후 사람들은 동쪽으로 이동하여 시날 땅에 이르러 그곳에서 바벨탑은 물론이요 성과 대를 쌓아 올립니다 (창11:2, 4). 아브람의 조카 롯은 재산이 많아져서 삼촌 집안과 분쟁에 휩싸일 때가 많았습니다. 이에 아브람이 롯에게 분가하자고 하면서 먼저 거주할 땅을 선택하도록 했습니다. 아브람은 좌우를 말하면서 서로 분리될 것을 권했지만, 롯은 소돔과 그 들판을 선택하고 동쪽으로 이동합니다 (창13:11). 동쪽이라는 모티프는 이렇게 다양한 내러티브 단위 안에서 반복적으로 사용되면서 전체 흐름은 물론이요, 각각의 내러티브 단위 안에서도 독자들이 올바른 판단을 할 수 있도록 돕고 있습니다.

단어나 표현의 반복은 때로 내러티브 본문 자체를 이해하는데 결정적인 단서를 제공하기도 합니다. 창세기 37장과 38장에 똑같은 표현의 패턴이 반복됩니다. 이 표현의 반복은 창세기 38장을 이해하는데 있어서 가장 중요한 요소 중 하나입니다. 창세기 37장 32절은 유다를 비롯한 요셉의 형제들이 요셉을 이스마엘 상인들에게 팔아넘긴 이후 염소 피를 요셉의 찢은 채색옷에 묻혀서 아버지를 속이는 장면입니다.

32. 우리가 이것을 발견하였으니 아버지 아들의 옷인가 보소서 하매

33. 아버지가 그것을 알아보고 …

그런데 이 표현은 창세기 38장 25절에서 정확하게 반복됩니다.

25. 이 물건 임자로 말미암아 임신하였나이다 청하건대 보소서…

26. 유다가 그것들을 알아보고 …

아버지를 속이고 형의 축복을 가로챘던 야곱이 아들들로부터 속임을 당했다면, 아버지 야곱을 속이던 유다가 정확하게 자신의 며느리로부터 속임을 당한 순간입니다. 창세기 38장 26절에서 유다가 알아본 것은 단순히 자신의 도장과 끈과 지팡이만이 아니었습니다. 아버지를 속이고 22년째 집을 떠나있었던 자기 자신을 알아본 것과 마찬가지입니다. 이 표현은 유다의 인생이 송두리째 바뀌게 되는 중요한 순간임을 알리는 하나의 문학적 장치로서 본문 내에서 역할한 것입니다. 이렇게 단어나 표현의 반복은 때로 본문 자체를 이해하는데 결정적으로 중요한 역할을 합니다.

성경의 반복은 단순한 단어나 표현의 반복에 그치지 않습니다. 더 넓은 문맥에서 볼 때면 다양한 주제들이 여러 내러티브 안에서 자주 반복됨을 알 수 있습니다. 유사한 이미지, 행동, 물질 등이 여러 내러티브에서 반복됩니다. 이런 모티프의 반복은 하나의 문단과 사건 단락을 넘어서 전체 내러티브 혹은 책 전체에 이르기까지 보다 넓은 문맥을 일관되게 읽고 이해할 수 있도록 돕습니다. 요셉 내러티브를 읽을 때 우리는 옷과 관련된 이미지를 자주 접하게 됩니다. 야곱은 요셉에게 채색옷을 지어 입혔습니다. 그런데 형들은 요셉의 옷을 벗기는 존재들이죠. 동일하게 보디발의 아내는 요셉의 옷을 벗겼던 인물인 반면, 바로왕은 요셉에게 총리의 옷을 입혀 주었습니다. 요셉 내러티브에서 우리가 주목할 수 있는 또 다른 이미지는 바로 꿈입니다. 요셉은 두 번에 걸쳐 꿈을 꾸었습니다 (창37:5-11). 요셉이 꾼 꿈은 모두 형들이 미래의 어느 시점에 요셉에게 절하게 될 것이라는 내용이었습니다. 그런데 또 다른 등장인물인 술 맡은 관원장과 떡 맡은 관원장이 감옥에서 똑같이 징조가 있는 꿈을 꾸는 내용이 나옵니다 (창40:5-19). 요셉은 두 사람의 꿈을 올바르게 해석해 주었습니다. 그로부터 만 이 년이 지난 후 바로왕이 두 번에 걸쳐 꿈을 꿉니다 (창41:1-8; 14-24). 이번에도 요셉은 바로왕의 꿈을 올바르게 해석해 주었습니다. 여기서 요셉 내러티브 전체를 이어가는 하나의 장치로서 두 번에 걸쳐 꾸는 꿈이라는 주제가 반복적으로 등장한다는 사실을 알 수 있습니다. 요셉이 꿈을 꾸었으나 현실은 그 꿈과는 상관없어 보이는 길로 진행되었다면, 하나님께서는 요셉으로 하여금 두 번에 걸쳐 다른 사람들의 꿈을 해석해 줌으로써 자신을 향해 하나님께서 주신 꿈을 제대로 이해하게 합니다. 결국 세 번의 꿈 내러티브는 요셉 내러티브 전체를 이끌어 가는 중요한 기능을 하는 셈입니다.

내러티브의 반복

마지막으로 언급할 반복의 가장 큰 단위가 있는데 그것은 바로 내러티브의 반복입니다. 성경은 동일한 사건처럼 보이는 내용을 여러 차례 반복하는 경향이 있습니다. 예를 들어 보죠. 창세기 24장에서 아브라함의 종은 우물가에서 이삭의 아내가 될 리브가를 만납니다. 비록 이삭이 만나지는 못했지만 약속의 후손인 이삭의 배우자를 우물가에서의 만남이라는 그림이 그려집니다. 창세기 29장을 보면 이삭의 아들 야곱 역시 자신의 미래 아내인 라헬을 우물가에서 만납니다. 그런데 출애굽기 2장 16-22절을 보면 모세 역시 자신의 미래 아내가 될 십보라를 우물가에서 만납니다.

또 창세기의 족장들이 이방 땅에서 자신의 아내를 여동생이라고 속이는 내용이 창세기 12장, 20장, 그리고 26장에 걸쳐 반복적으로 나타납니다. 성경의 위대한 인물들의 어머니는 대체로 불임이라는 과정을 경험합니다. 아브라함의 아내 사라, 이삭의 아내 리브가, 야곱의 아내 라헬, 엘가나의 아내 한나 등이 모두 불임이라는 주제를 공유합니다. 이런 식으로 반복되는 장면이나 주제의 반복도 꽤 나타나고 있기에 보다 넓은 문맥에서 내러티브의 반복이 독자들에게 전달하고자 하는 메시지는 어떤 것이며, 이런 반복 기법을 통해 무엇을 강조하고 싶은지 잘 고려해야 합니다.

성경의 반복 어떻게 읽을 것인가?

이제 가장 중요한 이야기를 해야 할 시점입니다. 현대 사회에서 생각하듯, 반복은 불필요하거나 문학적 초보성을 나타내는 표시가 아닙니다. 저자는 독자들에게 이러한 반복들을 통해서 자신만의 의도를 드러냅니다. 일반적인 뜻에서 반복은 강조를 뜻합니다. 강조하고 싶기 때문에 반복하는 것입니다. 그러니 우리는 어떤 형태든 반복이 일어나는지 잘 살펴야 하고, 반복이 보이면 저자가 그것을 강조하고 싶어 한다고 보아야 합니다.

그렇다면 특정한 형태의 반복이 일어날 때 그것은 과연 문자적인 의미에서 똑같이 반복하는 것일까요? 결코 그렇지 않습니다. 바로 여기에 반복 기법의 아름다움이 있습니다. 앞에 언급된 내용을 반복할 때, 저자는 반드시 앞의 내러티브를 전제하면서 그 다음 반복에서 무엇인가를 추가하거나 변경합니다. 그러니 반복이 관찰되면 어떤 내용이 반복되는지 보되, 어떻게 변화되고 있는지 살펴야 합니다. 또한 반복될 때 저자가 어떤 내용을 변경하거나 삭제하거나 추가하고 있음을 기대해야 합니다. 특별히 보다 넓은 단위에서 내러티브가 반복될 경우, 어떠한 경우에도 온전히 동일한 반복을 하지는 않습니다. 예를 들어 아브라함이 첩으로 취했던 하갈이 집을 떠나는 장면이 창세기 16장과 21장에서 반복됩니다 (실제로 아브라함 내러티브는 이렇게 이중으로 언급되는 사건들이 다수 있습니다). 그러나 이것은 단순한 반복일 수 없습니다. 아주 간단하게 창세기 16장에서 하갈은 여주인의 핍박을 피해 도망쳤고, 하나님의 사자가 광야에서 그를 만나 다시 돌아가도록 명령했다면, 창세기 21장에서 하갈은 아브라함과 사라에 의해 집에서 쫓겨 났습니다. 물론 하나님의 사자가 광야에서 그를 만나주셨지만, 이번에는 돌아가라고 말씀하지도 않으셨고, 당연히 하갈과 이스마엘은 다시 아브라함에게 돌아가지도 않습니다. 동일한 사건을 반복하는 것 같지만, 결코 동일한 반복은 없다는 사실을 항상 기억해야 합니다.

지금까지 다른 사건에서 일어나는 반복을 말했다면 원칙적으로 동일한 사건, 내러티브 등이 반복적으로 나타나는 것도 결코 무시할 수 없습니다. 성경에서는 앞에서 언급된 것을 이후 다시 언급하는 경우들도 자주 나타납니다. 특별한 의도가 없다면 굳이 반복하지 않는 것이 당연합니다. 창세기 37장 5절 이하에는 요셉의 꿈 이야기가 나옵니다. 5-6절은 "요셉이 꿈을 꾸고 자기 형들에게 말하매 그들이 그를 더욱 미워하였더라. 요셉이 그들에게 이르되 청하건대 내가 꾼 꿈을 들으시오"라고 말합니다. 요셉이 꿈을 꾸었고 그 꿈을 형들에게 다시 말했는데 정작 7절 이하에는 요셉이 형들에게 말한 대목만 나옵니다. 다시 말해서 굳이 요셉이 꾼 꿈의 내용을 말하지 않고 한 번만 말해도 아무 문제가 없습니다. 그런데 창세기 41장에 나오는 꿈 이야기는 전혀 다릅니다. 1절은 다음과 같이 말씀합니다: "만 이 년 후에 바로가 꿈을 꾼즉 자기가 나일 강 가에 서 있는데…" 바로가 꾼 꿈 내용이 먼저 등장한 것입니다. 그런데 8절에서는 "아침에 그의 마음이 번민하여 사람을 보내어 애굽의 점술가와 현인들을 모두 불러 그들에게 그의 꿈을 말하였으나 그것을 바로에게 해석하는 자가 없었더라"고 언급합니다. 바로가 점술가와 현인들 앞에서 다시 꿈의 내용을 말했으나 그 내용은 단순히 "그의 꿈을 말하였다"는 말로 정리합니다. 반복을 피한 것이지요. 그 후에 바로 왕이 요셉을 불러서 그에게 말하는 대목은 표현에 있어서 차이가 있습니다. 17-24절까지 바로는 자신이 꾼 꿈을 다시 반복합니다. 또 다른 예를 들어 보겠습니다. 창세기 39장에서 보디발의 아내가 요셉을 유혹하는 일에 실패하자, 요셉의 옷을 가지고 그를 모함하는 대목이 나옵니다. 다음과 같이 구별해 볼 수 있겠습니다. 이것은 A가 B에게 X에 대해 말하는 것을 A가 C에게 X에 대해 말하는 것입니다.

> 보디발의 아내가 집사람들에게:
>
> "보라 주인이 히브리 사람을 우리에게 데려다가 우리를 희롱하게 하는도다 그가 나와 동침하고자 내게로 들어오므로 내가 크게 소리 질렀더니 그가 나의 소리 질러 부름을 듣고 그의 옷을 내게 버려두고 도망하여 나갔느니라"

> 보디발의 아내가 보디발에게
>
> "당신이 우리에게 데려온 히브리 종이 나를 희롱하려고 내게로 들어왔으므로 내가 소리 질러 불렀더니 그가 그의 옷을 내게 버려두고 밖으로 도망하여 나갔나이다"

동일한 사건이지만, 보디발의 아내는 집안 사람들에게 말할 때와 자기 남편인 보디발에게 말할 때 그 초점을 바꾸고 있음을 봅니다. 동일한 반복이라면 보디발이 돌아왔을 때, "보디발의 아내가 그에게 모두 말했다"고 말하고 넘어가도 아무 문제가 없을 것이지만, 반복 안에서 일어나는 변이를 독자들이 알아채기 원하는 마음으로 저자는 이렇게 다시 진술하고 있는 것입니다.

사사기 13장에서 한 가지만 더 예를 들어 보겠습니다. 이것은 A

가 B에게 X에 대해 말하는 것을, B가 C에게 X에 대해 말하는 것입니다. 삼손의 출생을 두고 하나님의 사자가 삼손의 부모를 만나는 대목입니다.

여호와의 사자가 여인에게 (3-5절):
보라 네가 본래 임신하지 못하므로 출산하지 못하였으나 이제 임신하여 아들을 낳으리니 그러므로 너는 삼가 포도주와 독주를 마시지 말며 어떤 부정한 것도 먹지 말지니라 보라 네가 임신하여 아들을 낳으리니 그의 머리 위에 삭도를 대지 말라 이 아이는 태에서 나옴으로부터 하나님께 바쳐진 나실인이 됨이라 그가 블레셋 사람의 손에서 이스라엘을 구원하기 시작하리라

여인이 남편 마노아에게 (7절):
그가 내게 이르기를 보라 네가 임신하여 아들을 낳으리니 이제 포도주와 독주를 마시지 말며 어떤 부정한 것도 먹지 말라 이 아이는 태에서부터 그가 죽는 날까지 하나님께 바쳐진 나실인이 됨이라 하더이다

사실 단순 반복이라면 여인이 남편 마노아에게 여호와의 사자가 말한 모든 것을 일렀더라고만 말해도 괜찮지만, 본문은 그 내용을 반복합니다. 그러나 우리는 그 반복이 동일한 반복이 아님을 당연히 알아챌 수 있습니다. 여인은 자신이 들은 '나실인'에 대한 언급은 물론 '이스라엘을 구원하기 시작하리라'는 사명에 대해서도 전혀 언급하지 않았습니다. 대신 '죽는 날까지'라는 애매한 표현을 삽입함으로 삼손의 미래 운명을 암시합니다.

창세기에서 한 가지 예만 더 들어 보겠습니다. 이삭이 나이 많아 늙었고 눈이 어두워졌을 때 그는 장자 에서만을 불러서 그를 축복하려 합니다. 그 때 이삭은 에서에게 다음과 같이 말합니다. 창세기 27장 2-4 절입니다.

> 이삭이 이르되
> 내가 이제 늙어 어느 날 죽을는지 알지 못하니 그런즉 네 기구 곧 화살통 과 활을 가지고 들에 가서 나를 위하여 사냥하여 내가 즐기는 별미를 만 들어 내게로 가져와서 먹게 하여 내가 죽기 전에 내 마음껏 네게 축복하 게 하라

그런데 이 말을 엿들은 리브가는 이삭의 말을 야곱에게 가서 그 대로 전달합니다. 6-7절입니다.

> 리브가가 그의 아들 야곱에게 말하여 이르되
> 네 아버지가 네 형 에서에게 말씀하시는 것을 내가 들으니 이르시기를
> 나를 위하여 사냥하여 가져다가 별미를 만들어 내가 먹게 하여 죽기 전에
> 여호와 앞에서 네게 축복하게 하라

리브가는 이삭의 말을 직접 인용하고 있지만, 그대로 반복하지 는 않습니다. 그녀는 자신의 의도에 따라 어떤 부분은 제외시키고, 어 떤 부분은 이삭이 하지 않은 말을 포함시켜서 야곱을 설득한다는 사실 을 알 수 있습니다. 야곱이 잘할 수 없고 에서가 잘할 수 있는 사냥에 관한 구체적인 내용은 과감하게 제외시켰습니다. 게다가 에서를 향한 이삭의 적극적 의지가 담긴 표현들도 리브가는 전달하지 않았습니다. 그런 반면 그 축복이 여호와 앞에서 나오는 것임을 의식적으로 덧붙여

서 야곱의 마음을 움직이게 만듭니다. 다시 한 번 말씀드리지만, 성경의 반복은 단순한 반복이 아닙니다. 반복에 있어서 이런 변이가 일어날 때 몇 가지 질문을 던지는 것이 유익합니다.

첫째, 빠진 내용은 없는가?

둘째, 추가된 내용은 없는가?

셋째, 변형된 내용은 없는가?

넷째, 근접 문맥에서 다른 의도와 강조점이 있는가?

다섯째, 내러티브가 전달되는 형식이 달라지지는 않았는가? (서술, 대화 등)

이런 반복은 성경에서 자주 볼 수 있기 때문에 위의 질문을 항상 염두에 두고 읽으면 반복되는 내러티브들이 더이상 지루한 반복이 아니라 성경 저자의 메시지를 생동감있게 읽고 이해하도록 도울 것입니다.

006

전형 장면 (Type-Scene) 이해하기

006

전형 장면 (Type-Scene) 이해하기

성경의 반복은 음가, 단어, 문장과 내러티브의 반복에 이르기까지 광범위하게 일어납니다. 특히 전형 장면 (Type-Scene)은 반복 중에서 내러티브 단락 전체의 반복을 잘 보여줍니다. 전형 장면 기법은 실제로 소설이나 영화 등에서도 자주 사용됩니다. 영화를 예로 들자면, 영화에는 장르에 따라 그 장르가 가지는 전형적인 특징을 가지고 있습니다. 가령, 공포 영화가 처음 시작할 때 등장하는 인물은 대체로 죽임을 당하는 단역 배우일 가능성이 높습니다. 주인공이 아닌 조연들이 긴박한 상황에서 도망치는 곳은 꼭 막다른 골목이지요. 미국 서부의 총잡이를 소재로 한 영화라면 다양한 종류들이 있겠지만, 주인공은 수많은 어려움을 겪으면서도 결투에서 반드시 승리합니다. 주인공은 총을 여러 번 맞아도 죽지 않지만, 단역들은 총알이 날아가는 대로 맞아 즉사합니다. 이런 전형적인 장면들은 독자들에게 일정한 기대치를 부여합니다. 영화 감독이나 글의 저자는 이런 전형적인 장면들을 사용해, 굳이 전하고자 하는 메시지를 말로 표현하지 않더라도 시청자 혹은 독자와 서로 소통하는 것이지요. 독자들은 기대를 가지고 그 장면을 보고, 그 기대대로 내용이 전개되었을 때 만족감을 누리기도 하고, 혹 기대와 다르게 전개될 때는 특이함을 느끼고 이후의 전개에 궁금함을 가지게 될 것입니다. 역사적으로는 오래 전부터 전형 장면을 사용해 왔습니다. 호머의 일리아드를 비롯해 고대의 내러티브들은 이런 전형 장면을 자주 사용해 왔습니다. 20세기에 접어 들어서 소설이나 영화의 기법 중의 하나인 이 전형 장면을 성경 내러티브를 읽을 때 보다 구체적으로 접목시킨 사람이 바로 로버트 알터 (Robert Alter)인데 그는 전형 장면을 다음과 같이 정의합니다.

> 성서의 주인공들의 직업과 관련해 반복되는 내러티브들 속에는 호메로스의 작품에 등장하는 전형 장면과 유사한 부분이 있으며, 그 내러티브들은 미리 정해진 모티프 (a fixed constellation of predetermined motif)에 따라서 움직인다는 것을 짚어볼 필요가 있다. 성서 내러티브는 주인공들을 묘사할 때 그들의 삶 속에서 결정적이고 의미심장한 지점만을 특징적으로 보여주기 때문에, 성서의 전형 장면은 일상적 삶의 행위 속이 아니라 각 주인공들의 삶 속에서 수태와 탄생, 결혼과 죽음 같은 결정적인 순간과 관련하여 나타난다.[3]

족장들이 이방 지역의 왕 앞에서 자신의 아내를 여동생이라고 속이는 내러티브가 세 번씩이나 창세기 본문에 기록되어 있습니다. 얼핏 보기에 부끄러운 일이기에 족장들의 믿음의 본을 강조하고 싶었다면 당연히 기록하고 싶지 않았을 법한 사건인데 무려 세 번이나 기록한 것은 대단히 특이한 일입니다. 실제로 창세기 본문에서는 비슷한 내러

---

3) 알터, 『성서의 내러티브 기술』, 90-91.

티브의 중복을 여러 차례 볼 수 있지만, 이렇게 세 번이나 기록하는 경우는 없습니다. 비평학자들은 세 내러티브가 원래는 다른 자료에 속해 있다가 후대 편집자에 의해 본문에 끼어 들었다고 손쉽게 결론짓습니다. 성경을 갈기갈기 찢어 놓는다는 측면에서 받아들이기 어려운 결론입니다. 다른 한편으로 어떤 이들은 세 개의 내러티브를 비슷한 결론으로 마무리하기도 합니다. 그럴 것이라면 성경 저자가 굳이 세 번이나 지면을 할애할 필요가 있었을까요?

성경의 위대한 영웅들은 자신의 미래 배우자를 만나는 곳이 왜 우물가였을까요? 창세기 24장에서 아브라함은 아들 이삭의 배우자를 찾기 위해 노종을 자신의 고향 땅으로 보냈는데, 그 종이 이삭의 아내가 될 리브가를 만난 장소가 바로 우물가였습니다 (창24:15-19). 마찬가지로 야곱이 형 에서를 피해 도망쳐서 밧단아람에 도착했을 때, 후일 자신의 아내가 될 라헬을 우물가에서 만납니다 (창29:1-12). 그리고 모세도 애굽 땅에서 도망쳐 나와 미디안 광에서 아내가 될 십보라를 만났는데 그곳 역시 우물가였습니다 (출2:16-19). 세 사람은 모두 우물가에서 만난 여인과 결혼에 골인했습니다. 단순히 장소가 우물가라는 것 외에도 세 내러티브는 상당히 유사한 장면의 반복들을 공유하고 있습니다. 또한 유사한 등장인물들이 있습니다. 24장의 경우 아브라함의 노종과 리브가, 그리고 소식을 듣고 달려온 라반이 있습니다. 29장은 야곱과 라헬, 그리고 동일하게 소식을 듣고 달려온 라반이 등장합니다. 출애굽기 2장에서는 모세, 십보라, 그리고 소식을 듣고 영접하는 십보라의 아버지 르우엘이 등장인물로 나타납니다. 또한 첫 번째 내러티브에는 존재하지 않지만, 두 번째와 세 번째 내러티브에서 대적자로 나타나는 목자들도 존재합니다.

위대한 영웅의 어머니는 왜 꼭 불임일까요? 아브라함의 아내 사라, 이삭의 아내 리브가, 야곱의 아내 라헬, 엘가나의 아내이자 사무엘의 어머니인 한나 등은 모두 불임의 고통 가운데 있다가 아들을 출산했습니다. 그 외에도 로버트 알터가 전형 장면으로 이해했던 내러티브는 들판에서의 신현 내러티브, 생애 초기의 시험 내러티브, 광야 방황과 우물 발견 내러티브, 영웅의 유언 내러티브 등입니다.[4]

문학 장치로서 전형 장면이 보여주는 가장 중요하고도 기본적인 기능은 바로 장면의 반복에 있습니다. 장면의 반복은 독자들로 하여금 내러티브를 일관되게 읽을 수 있게 하고 서로 강력한 연결점을 가지고 읽게 합니다. 그러나 내러티브가 반복되는 과정 중에 일어나는 변화들에 주목하여 각각의 사건들이 독자들에게 기대치를 부여하고, 또한 그 기대치를 수정해가면서 내러티브 자체에 동참하도록 합니다. 그러니 전형 장면이 사용된 본문을 볼 때 단순히 내러티브가 지루하게 반복되고 있다고 여겨서는 안됩니다.

이제까지 살핀 전형 장면의 관점을 창세기에 세 번에 걸쳐 나타나는 아내/여동생 내러티브에 적용해 보겠습니다 (창12:10-13:1; 20:1-18; 그리고 26:1-11). 세 번 등장하는 아내/여동생 내러티브의 유사점과 차이점을 살펴봄으로써 세 내러티브가 창세기의 거대 문맥 안에서 하나의 주요한 메시지를 전달하기 위해 잘 구성되어 있다는 것을 이해하게 될 것이며, 또한 각각의 내러티브는 다른 문맥 안에서 나머지 내러티브들과 구별되는 또 다른 메시지를 전달하고 있음을 알게 될 것입니다.

---

4) ibid., 91.

	A (창12:10-13:1)	B (창20:1-18)	C (창26:1-11)
사건의 발단	10절	1절	1-6a절
거짓말 모티브	11-13절	2a절	6b-7절
아내를 빼앗김	14-16절	2b절	-
거짓말 들통	17절	3-7절	8절
이방왕과의 대화	18-19절	8-16절	9-10절
결과	20-13:1절	17-18절	11-13절

　　위 도표에서 보듯이 세 번 나오는 아내/여동생 내러티브는 얼핏 보기에 매우 유사한 흐름을 가지고 있습니다.[5] 하지만, 본문을 좀 더 자세히 살피면 구체적인 사항에 있어서는 상당한 차이가 있다는 것을 알게 됩니다. 바로 이 차이점들을 간과하면 각각의 내러티브가 가지고 있는 특징을 찾지 못하게 됩니다. 실제로 A와 C는 족장들이 이방 땅으로 여행하게 되는 이유가 기근인 반면, B는 기근에 대한 어떤 정보도 주지 않습니다. 또한 A와 C에서는 아내인 사라와 리브가의 아름다움이 내러티브의 주요한 동인인 반면, B에서는 사라의 아름다움이 전혀 언급되지 않습니다. A와 B는 아내를 빼앗기는 위기의 순간이 있지만, C의 경우 이삭이 오랫동안 아비멜렉에게 있었으나 어떤 형태의 위기도 발견할 수 없습니다. A와 B에서 거짓말이 들통나는 일에 하나님의 개입하심이 있으나, C에서는 거짓의 발견이 우연에 의한 것입니다. 이를 좀 더 구체적으로 들여다보면, 유사성 안에서도 차이점들이 보입니다. 가령, A와 C가 모두 기근을 원인으로 지목하지만, C는 의도적으로 A 때와는 다른 기근이라고 설명까지 덧붙입니다. A, B, 그리고 C 모두 하나님의 개입을 언급하지만, A는 화자 (narrator)의 말로만 언급됩니다.

---

5) Alexander, *Abraham in the Negev*, 42.

사실상 본문 안에 있는 등장인물들 즉 아브라함이나 바로왕은 누가 재앙을 내리는가에 대한 분명한 답을 가지고 있지 않습니다. 반면 B에서 하나님은 이방왕 아비멜렉의 꿈속에 등장하십니다. 아비멜렉은 자신이 취한 사라가 아브라함의 아내라는 사실과, 자신들에게 임한 재앙의 이유 등에 대해 정확한 정보를 가집니다. 하지만, 본문 안에서 아비멜렉은 아브라함에게 그 사실을 구체적으로 말하지 않기 때문에, 사실상 족장인 아브라함에게 하나님은 여전히 숨겨져 있습니다. C에서는 상황이 일어나기도 전에 하나님께서 직접 족장에게 나타나십니다. 하나님의 개입하심이라는 양식은 동일하다 할지라도, 그 실제적인 내용에 있어서는 상당히 다른 문맥과 의도를 포함하고 있다고 볼 수 있습니다.

특별히 이러한 의도를 파악하기 위해서 우리가 관심가져야 할 것은 본문에 등장하는 인물, 주제, 줄거리 등을 살펴보는 것입니다. 내러티브에 있어서 등장인물과 그들에 대한 성격 묘사는 저자가 자신의 의도를 드러내기 위해 사용하는 가장 중요한 도구입니다. 저자는 자주 등장인물의 목소리를 통해 본문의 주제를 드러내곤 합니다. 그러므로 내러티브의 전개를 살피는데 등장인물들이 어떻게 등장하고, 역할하는지를 잘 평가해야 합니다. 등장인물에 대해서는 다음 장에서 좀 더 구체적으로 다루도록 하겠습니다.

세 개의 아내/여동생 내러티브가 위치하는 문맥은 하나님의 위대한 약속과 관련이 있음을 알 수 있습니다. 첫 번째 애굽으로 내려간 사건은 하나님께서 아브람을 갈대아 우르로부터 부르시고 가나안 땅에서 위대한 약속을 주신 장면 바로 다음에 나오는 내러티브입니다 (창 12:1-3). 그러나 하나님의 약속에도 불구하고 현실적으로 사래는 불임이라는 사실 역시 알려져 있습니다 (창11:30). 두 번째 내러티브가 나오는 창세기 20장의 경우 하나님께서 아브라함과 사라에게 약속의 후손을 주시겠노라 말씀하신 바로 다음에 위치합니다. 일 년 안에 이삭이 태어날 것이라고 하셨음에도 불구하고 정작 아브라함은 사라를 빼앗기게 된 것입니다. 마지막 세 번째 내러티브는 아브라함이 죽고 난 후 이삭에게 하나님께서 직접 나타나셔서 약속을 새롭게 하신 이후의 내러티브입니다. 이렇게 볼 때 세 아내/여동생 내러티브는 모두 단순히 믿음의 조상들이 범했던 실수 혹은 도덕적 죄악에 대해서 정죄하고자 하는 의도를 넘어 하나님이 베푸신 위대한 약속을 인간의 연약함에도 불구하고 당신께서 신실하게 지켜 가신다는 사실을 강조합니다.

이런 점에서 각각의 내러티브는 하나님의 약속의 세 가지 측면, 즉 후손, 땅, 열방의 복이라는 주제를 각각 다른 맥락에서 강조하고 있습니다. 세 내러티브가 진행되는 동안 약속의 대상인 족장들의 연약함은 더 두드러지는 반면, 약속을 베푸신 하나님 자신의 일하심은 보다 명시적으로, 적극적으로 드러나게 됩니다. 예를 들면, 아브라함은 12장에서 하나님의 약속에 대한 큰 그림을 가지고 있지 못한 상태에서 심각한 기근이라는 위기가 왔을 때 약속의 땅을 떠나는 잘못을 범했습니다. 그 때 하나님은 본문에 등장하는 그 누구에게도 나타나지 않으신 채 약속을 지키시는 특단의 조처를 취하십니다 (창12:17). 이 때 아브라함은 이방왕인 바로의 명령으로 인해 약속의 땅인 가나안에 그대로 돌아올 수밖에 없게 됩니다. 20장에서 아브라함은 사라를 통한 후사에 대한 약속의 말씀을 들었음에도 불구하고 오히려 제대로 믿지 못하고 정치적인 이유 때문에 사라를 아비멜렉에게 보내고 말았습니다. 하지만 이 때도 하나님께서는 "그 날 밤"에 아비멜렉의 "꿈"에 나타나셔서 약속을 지켜내십니다. 여기서도 하나님의 적극적인 행동은 족장인 아브라함에게는 여전히 숨겨져 있었던 것에 주목해야 합니다. 마지막 세 번째 내러티브는 땅과 후손을 비롯해 어떤 형태의 위기도 느껴지지 않습니다. 하나님께서 먼저 약속의 당사자인 이삭을 만나셔서 아브라함에게 주신 말씀을 새롭게 하셨습니다. 그럼에도 불구하고 이삭은 아비멜렉과 그 땅 백성들과 존재하지도 않는 위험을 두려워하여 또 거짓말을 하고 말았습니다. 이처럼 하나님의 개입하심은 더 적극적으로 발전하는 반면, 족장들의 신앙은 퇴보하고 있음을 봅니다. 그러므로 세 내러티브는 단순한 반복이 아니라, 창세기 12-36장까지 족장들에게 약속을 베푸시고 신실하게 지켜가시는 분은 바로 하나님이심을 강조하는 장치인 것입니다.

　　　연속성과 함께 각각의 내러티브에서만 지니고 있는 본문상의 독특한 관심이 있기 때문에 본문을 묵상하거나 설교할 때 세 내러티브를 동일하게 취급하면 본문의 강조점에서 벗어나는 것일 수 있습니다. 가령, 창세기 12장의 첫 번째 내러티브를 읽고 설교할 때 단순히 아브라함의 도덕적 실수를 부각시키는 것은 본문의 큰 관심이 아닙니다 (굳이 아브라함의 도덕성을 방어할 필요도 없지만). 또한 신학적으로 아브라함의 잘못이 마치 약속의 후손의 큰 위기를 가져왔다고 말하는 것도 모순이 있습니다. 창세기 20장이라면 수긍할 수 있겠지만, 적어도 창세기 12장에서는 그 누구도 사라를 잃어버리는 것이 약속의 후손의 위기를 가져온다고 생각지 않았을 것입니다. 왜냐하면 그녀는 적어도 그 때까지 불임이었고 사라를 통해 후손이 태어날 것이라는 하나님의 계시는 17장에 가서야 등장하기 때문입니다. 마찬가지로 26장에서는 후손의 위기 자체가 존재하지 않습니다. 25장에서 에서와 야곱이 이미 장성했기 때문이지요. 약속의 땅에 대한 위기를 생각해보면, 12장은 약속의 땅을 떠났다가 일어난 일이기 때문에 적용해볼 수 있겠지만, 20장과 26장은 약속의 땅 자체를 떠나지 않았기 때문에 본문 안에 약속의 땅의 위기에 대한 관심은 없다고 볼 수 있습니다. 이런 식으로 본문은 사건의 연속을 전제하지만, 자체적으로 다른 메시지를 전달하고 싶어하고 이를 강조하기 위해 본문 안에 수많은 장치들을 남겨두었음을 주목할 필요가 있습니다.

이렇게 성경은 여러 차례 동일한 장면 혹은 주제를 반복하는 내러티브들을 포함함으로써 독자들이 앞 선 사건들을 전제하면서 뒤에 나오는 내러티브들을 해석하고 적용하게 하는 전형장면 기법을 종종 사용하고 있습니다. 로버트 알터는 일반 문학에서 통용되던 방식을 성경 내러티브에 접목한 대표적인 인물인데, 그의 책에서는 이삭, 야곱, 그리고 모세가 우물에서 배우자를 만난 사건을 적절하게 잘 분석하고 있습니다. 이러한 우물 내러티브는 심지어 예수님과 수가성 여인의 만남 내러티브에서도 장면의 반복을 볼 수 있다고 그는 주장합니다. 뿐만 아니라, 창세기 16, 21장에 나오는 사라와 하갈의 관계와 사무엘상 1장에 나오는 한나와 브닌나의 관계 등도 같은 맥락에서 연구해 볼 수 있습니다. 출산하지 못하는 여주인과 자녀를 가진 첩 사이의 갈등 관계가 세 내러티브에 공통되게 흐르는 형태이기 때문입니다. 만약 우리가 전형장면 분석 이론을 단순히 장면의 반복이 아니라, 등장인물과 주제, 구성의 반복과 발전이라는 측면에서 좀 더 깊이 분석할수 있다면 전형장면 기법은 오늘날 학계에서 생각하는 것보다 훨씬 더 광범위하게 적용할 수 있을 것으로 기대됩니다.

007

등장인물 이해하기

007

등장인물 이해하기

등장인물은 내러티브 전체를 이끌고 가는 중요한 요소입니다. 성경 내러티브를 대할 때 독자들은 보통 등장하는 인물들과 자신을 동일시하는 경향이 있습니다. 긍정적이든 부정적이든 등장인물을 모델로 교훈을 삼습니다. 인물의 중요성 때문인지, 현대 문학에서는 등장인물에 대한 묘사가 아주 자세합니다. 외형에 대한 묘사는 물론이고 인물의 감정이나 몸짓, 목소리와 내면의 생각까지 자세하게 묘사합니다. 박경리 작가의 장편소설 『토지』는 600명이 넘는 다양한 인물들이 등장하는 실로 대단하고도 방대한 작품입니다. 소설에 등장하는 등장인물들 중 주인공인 최서희에 대한 묘사를 보겠습니다.

서희는 회색에 가까운 갈맷빛 치마에 흰 은조사 깨끼적삼, 수수한 차림새였고 화장기도 전혀 없는 얼굴이었지만 사람들 속에서 두드러지기로는 넓고 훤하게 트인 이마만으로도 충분하다. 나란히 앉은 송병문 씨의 자부 장씨와 서희는 여러모로 대조적이다. 장씨는 서희같이 이목구비가 깎은

듯 단정하고 윤곽이 완전무결하게 아름다운 여자는 아니었다. 서희같이 위엄과 자부에 가득 찬 모습도 아니었다. 총명함이 눈빛 속에 여실한 그런 여자도 아니었다 (5권, 212-13).

이러한 현대 문학의 이런 인물 묘사는 성경에 등장하는 인물묘사와는 상당히 다르다는 사실을 쉽게 발견할 수 있습니다. 현대 문학에 비하면 성경은 놀라울 정도로 인물 묘사에 인색합니다. 성경에 나오는 중요한 인물들이 어떻게 생겼는지 거의 아무런 정보도 제공하지 않습니다. 성경을 통틀어 가장 중요한 등장인물인 예수님에 대한 묘사조차도 찾아보기 어렵습니다. 불행하게도 우리는 예수님이 어떤 모습이셨는지 알지 못합니다. 그래서인지 드라마나 영화에서 볼 수 있는 예수님의 모습은 지나치게 서구화된 모습입니다. 문학 작품이나 성화 등에 나타나는 예수님도 저자나 화가의 개인적인 상상력의 산물입니다. 몇 해 전에는 컴퓨터 그래픽을 통해 실제 예수님의 모습으로 추정되는 이미지가 발표되기도 했습니다. 긴 머리 하얀 피부를 가진 영화속 예수님의 모습보다는 훨씬 더 가능성 있는 제안일지도 모르겠습니다. 이렇듯 오랜 역사에 걸쳐 그리스도인들이 예수님의 용모를 묘사하려는 시도를 한다는 사실 자체는 근본적으로 성경이 예수님의 모습에 대해 알려주지 않기 때문입니다. 예수님의 용모와 모습에 관심을 두지 않았다면 하물며 성경속 다른 등장인물은 어떠하겠습니까!

실제로 우리는 믿음의 조상으로 불리는 아브라함의 외형적 특징에 대해서 아는 바가 없습니다. 창세기 21장에서 아브라함이 백세가 되었을 때 약속의 후손 이삭이 태어났습니다. 그러나 그 중요한 시점에도 이삭이 어떻게 생겼는지 단 한 줄도 소개하지 않는다는 사실은 놀랍기까지 합니다. 한편 다윗을 소개할 때는 "빛이 붉고 눈이 빼어나고 얼굴이 아름답더라"고만 소개합니다 (삼상16:12). 이와 유사하게 에서가 "붉고 전신이 털옷 같다"고 묘사하는 것도 볼 수 있습니다. 사실 성경의 다른 인물들에 비하면 그마저도 많이 소개된 것입니다. 성경은 등장인물의 감정, 대화, 모양, 특징 등에 대해서도 필요할 경우에만 한정적으로 정보를 줍니다. 그 때문에 우리는 비록 등장인물에 대해 구체적인 그림을 그릴 수는 없지만, 최소한의 언급을 통해 저자의 의도에 주목할 수 있습니다. 동양화의 아름다움이 여백에 있다고들 하는데, 저자가 성경속 인물들을 묘사할 때 자세하게 언급하지 않음으로 독자들로 하여금 다양하게 해석할 여지를 남겨 둡니다.

등장인물 구분하기

등장인물을 구분할 때 몇 가지 범주로 나누는 것이 필요합니다. 물론 단순한 작업은 아니지만, 독자로서 성경을 읽을 때 도대체 이 내러티브에서 누가 주인공이고, 누가 주인공의 대적자이며, 누가 보조적 역할에 그치는 사람인지 판단하는 것이 필요합니다. 성경 내러티브는 주로 두 사람이 이끌고 갑니다. 그러니 내러티브를 읽을 때 어떤 등장인물이 본문에 나타나는지, 그 등장인물의 역할이 무엇인지 먼저 질문해야 합니다. 한편으로는 내러티브라는 무대에 있기는 하지만, 사실상 내러티브 안에서만 존재하는 인물도 있습니다. 가령, 창세기 26장 1-6절은 하나님께서 이삭에게 약속의 말씀을 주시는 내용입니다. 당연히 아브라함이 죽은 이후의 일이기는 하지만, 사실 이 단락에서 아브라함은 하나님의 말씀 안에서 아주 중요한 역할을 하는 존재로 등장하고 있습니다. 이럴 경우 아브라함은 내러티브에는 등장하지만 정작 실제 무대에서는 등장하지 않는 인물입니다.

또한 약간 다른 관점으로 분류하면 내러티브에 등장하는 인물들 중에 단면적 인물(flat character)과 다면적 인물(round character)을 구분해보는 것도 의미가 있습니다. 단면적이라고 함은 내러티브 전체에서 인물의 성격이나 역할이 변함없다는 뜻이고, 다면적이란 내러티브에서 등장인물의 역할이나 성격이 변화를 겪어간다는 뜻입니다. 당연히 주인공은 다면적 인물일 가능성이 많겠지요. 이렇게 범주를 나누다 보면 내러티브를 읽어 나갈 때 주된 관심을 어느 쪽에 쏟아야 할지 알게 되고 자연스럽게 내러티브의 중심 흐름에서 벗어나지 않을 수 있게 됩니다.

등장인물을 묘사하는 방법들

비록 현대 문학의 인물 묘사와는 상당한 차이점이 있다 할지라도, 성경은 나름의 방식으로 인물에 대한 정보를 독자들에게 제공합니다. 인물 묘사 역시 몇 가지 범주로 나누어 볼 필요가 있는데, 다음에 소개하는 요소들을 종합적으로 이해한다면 등장인물을 통해 저자가 전개해 나가는 내러티브를 잘 이해할 뿐만 아니라 내러티브를 통해 전달하기 원했던 저자의 핵심 메시지에 접근할 가능성이 높아질 것입니다.

묘사

성경 내러티브에는 종종 등장인물의 외모, 몸의 특징, 의복, 혹은 태도 등이 묘사됩니다. 이것이 등장인물에 대해 직접적으로 의미를 전달하는 것은 아니지만, 앞에서 언급한 바와 같이 성경이 사람의 외적인 특징을 자세히 소개하지 않거나 거의 침묵하고 있기 때문에 이런 묘사가 나올 때면 반드시 관심을 기울이고 그 의미를 연구하는 것이 좋습니다. 여기서 놓쳐서는 안되는 것이 있습니다. 등장인물의 외형에 대한 묘사가 있으니 등장인물이 어떻게 생겼는지, 어떤 스타일의 사람인지를 알려주기를 원한다고 생각해서는 안됩니다. 그런 묘사들은 등장인물의 외적인 모습을 전달하는데 목적이 있는 것이 아니라, 외적인 모습을 묘사함으로 등장인물의 성격이나 역할에 어떤 힌트를 제공하기 위함이라고 보아야 합니다.

창세기 24장 16절에서 리브가가 무대에 등장하는데 저자는 "그 소녀는 보기에 심히 아리땁고 지금까지 남자가 가까이 하지 아니한 처녀더라"고 묘사합니다. 사실 그녀가 아주 예뻤다는 말 자체는 대단히 주관적인 표현이지만 최소한 리브가에 대해 묘사하고 있다는 사실에 주목할 필요가 있습니다. 똑같은 우물 내러티브를 전형 장면으로 하는 창세기 29장 17절에서도 "레아는 시력이 약하고 라헬은 곱고 아리따우니"라고 인물 묘사를 합니다. 리브가의 아름다움은 그녀의 처녀됨과 연결되어 이삭의 신부감이 될 것임을 강조하는 측면에서 언급되었지만, 창세기 29장에서 라헬의 경우는 좀 다릅니다. 야곱이 들판에서 처음 라헬을 만났을 때는 그녀가 아름다웠다는 묘사를 하지 않다가, 결혼과 관련되었을 때, 그리고 특별히 그녀의 아름다움이 언니 레아와의 비교급 속에서 묘사된다는 점이 다릅니다. 똑같이 리브가와 라헬이 아름다웠다고 묘사하지만, 그 묘사는 저자의 다른 의도를 보여준다는 뜻입니다.

창세기 25장 25-26절에서 성경은 에서와 야곱에 대해 이렇게 묘사합니다: "먼저 나온 자는 붉고 전신이 털옷 같아서 이름을 에서라 하였고 후에 나온 아우는 손으로 에서의 발꿈치를 잡았으므로 그 이름을 야곱이라 하였으며" 에서가 붉고 털이 있음을 묘사한 것은 그가 고대 근동의 관점에서 볼 때 사나이 중의 사나이로 보였다는 뜻입니다. 하지만, 야곱에 대해서는 그의 외모에 대한 언급보다는 그가 발꿈치를 잡았다는 사실을 강조합니다. 이 모두가 인물 묘사를 통해 앞으로 전개될 내러티브에 어떤 역할을 하게 될지 알려주는 장치로 사용됩니다. 창세기 25장 27절에서는 한걸음 더 나간 묘사가 나옵니다. 에서는 익숙한 사냥꾼이 되었습니다. 이는 그가 처음 기대를 받았던 것처럼 들사람이요, 당시로 치면 최고의 남성성을 자랑하는 사람이었음을 보여주는 반면, 야곱은 조용한 사람이라고만 묘사합니다. 물론 조용한 사람이라는 말을 단순히 오늘날 어머니 곁에 머물면서 여성스럽게 지냈다고만 단정하기는 어려운 표현입니다. 아무튼 야곱이 장막에 거주하는 사람이라는 사실과 에서가 들사람이라는 사실을 비교하면서 묘사한 것은 앞으로의 내러티브 전개에 있어서 극적인 재미와 긴장을 더해 가는 대목이 됩니다.

창세기 27장 1절에서는 "이삭이 나이가 많아 눈이 어두워 잘 보지 못하더니"라고 묘사합니다. 대체로 성경에서 눈이 어두워 진다는 말은 단순히 나이가 많아 앞을 잘 볼 수 없다는 뜻을 넘어 그의 영적인 안목이 약해졌다는 것을 상징하고 있습니다. 실제로 그의 눈이 안보였겠지만, 저자가 그것을 묘사하는 것은 등장인물의 이후 역할에 중요한 기능을 할 것임을 미리 알려준다는데 의의가 있겠습니다. 사사 엘리의 눈이 어두움을 말하는 것도 같은 맥락에서 이해할 수 있습니다. 사무엘상 4장은 엘리에 대해 다음과 같이 묘사합니다.

그 때에 엘리의 나이가 구십팔 세라 그의 눈이 어두워서 보지 못하더라 (15절)

하나님의 궤를 말할 때에 엘리가 자기 의자에서 뒤로 넘어져 문 곁에서 목이 부러져 죽었으니 나이가 많고 비대한 까닭이라 그가 이스라엘의 사사가 된 지 사십 년이었더라 (18절)

위 본문에서는 엘리가 눈이 어두워 보지 못했다는 사실과 나이가 많고 비대했다는 사실을 순차적으로 묘사합니다. 단순히 그의 노화나 건강 상태에 대한 언급이 아닙니다. 그가 사사로서 40년을 지냈으나 그의 사역이 불행하게 마감될 수밖에 없는 이유를 인물 묘사를 통해 알려주고 있는 것입니다.

특별하게 외형에 더 많은 관심을 쏟는 한 본문을 언급해 보겠습니다. 사무엘상 17장 5-7절에 등장하는 골리앗에 대해서 성경은 지금까지와는 다르게 좀 더 자세히 묘사하고 있습니다.

4. 블레셋 사람들의 진영에서 싸움을 돋우는 자가 왔는데 그의 이름은 골리앗이요 가드사람이라 그의 키는 여섯 규빗 한 뼘이요 5. 머리에는 놋 투구를 썼고 몸에는 비늘 갑옷을 입었으니 그 갑옷의 무게가 놋 오천 세겔이며 6. 그의 다리에는 놋 각반을 쳤고 어깨 사이에는 놋 단창을 메었으니 7. 그 창 자루는 베틀 채 같고 창 날은 철 육백 세겔이며 방패 든 자가 앞서 행하더라

실제로 골리앗의 모습이 어떠했을지, 어떤 옷을 입고 어떤 식의 대오를 벌이고 전투에 임하는지 상상할 수 있을 정도로 성경이 구체적으로 묘사하고 있습니다. 저자가 이렇게 골리앗의 외형에 특별한 관심을 쏟는 이유는 곧이어 전개될 다윗과의 전투를 대비하기 위함입니다. 가장 힘센 용사로 불렸던 그는 엄청나게 많은 보호 장구를 착용하고, 군사들을 대동하는 모습을 묘사함으로 어쩌면 전쟁에 임한 그의 마음에 있는 불안을 아이러니하게 우리에게 암시하는 것인지도 모릅니다. 외형적으로는 최강의 전투 병사처럼 보이지만, 물맷돌을 들고 무장

조차 하지 않은 다윗 사이의 극적 대조를 보여주면서 골리앗을 물리친 다윗의 승리가 얼마나 놀랍고 대단한지 강조하기 위해 시간을 들이고 있습니다.

인물에 대해 간접적으로 묘사하는 경우들도 있습니다. 창세기 6장 9절은 노아가 의인이요 당대에 완전한 자이며, 하나님과 동행한 사람이라고 소개합니다. 게다가 특이하게 7장 1절에 이르러서는 하나님께서 직접 노아에게 "이 세대에서 네가 내 앞에 의로움을 내가 보았음이니라"고 하시면서 노아의 의로움을 다시 언급하십니다. 물론 이 본문에서 노아의 의로움이 무엇을 뜻하는지에 대해서는 많은 논의가 필요한 부분이지만, 노아에 대해 직접적으로 묘사하지 않으면서도 그가 어떠한 사람이었는지를 묘사하는 방식입니다.

창세기 25장에서 두 사람의 행동 묘사를 보겠습니다. 26절에는 야곱이 태어날 때 형 에서의 발꿈치를 잡았다고 합니다. 에서와 야곱이 리브가의 태중에서 심각할 정도로 싸움을 계속했는데, 야곱은 결국 에서를 뒤따라 태어날 수밖에 없었습니다. 그러나 그가 형의 발꿈치를 잡고 태어났다고 묘사되면서 앞으로 장차 그가 형이 가진 장자권과 약속의 자녀로서의 축복을 쟁취하는 삶을 살아갈 것을 암시합니다. 마찬가지로 34절은 에서의 행동을 다음과 같이 묘사합니다: "에서가 먹으며 마시고 일어나 갔으니 에서가 장자의 명분을 가볍게 여김이었더라." 에서에 대해서 직간접적으로 묘사하지는 않지만, 그의 거침없는 행동을 동사 나열 방식을 통해 보여줌으로 에서가 장자의 명분을 버리는 것에 대해 어떠한 주저함도 가지고 있지 않았음을 넌지시 알려 주고 있습니다.

이처럼 성경은 가끔 등장인물의 됨됨이를 다양한 방식으로 묘사하는데 그러한 묘사들이 내러티브의 전개에 일정한 영향을 주거나,

앞으로 그 묘사가 구체적인 역할을 하게 될 것임을 미리 알리려고 할 때에만 한정적으로 기술한다는 사실을 인식하는 것이 필요합니다. 앞서 전경과 배경 단락에서 나눈 부분을 여기에 조금만 적용해 볼 필요도 있습니다. 전경, 즉 앞으로 흘러가는 중심 내러티브는 동사의 흐름을 따른다고 했습니다. 그런데 여기 등장인물들이 묘사되는 부분들은 모두가 전경에 해당되는 것이 아니라 배경에 해당된다는 사실을 기억할 필요가 있습니다. 전경을 통해 내러티브가 앞으로 흘러가고 시간이 흐르게 되는데 묘사를 통해 배경을 소개한다는 말 자체는 내러티브 서술 시간이 천천히 흘러간다는 뜻이고 이는 저자가 일정하게 내러티브에 있어서 강조하고 싶은 것이 있다는 뜻이 됩니다. 이런 사항들을 종합적으로 볼 때, 저자는 흘러가는 시간을 멈추어 세운 채 등장인물을 묘사함으로 강조하거나 암시하고 싶은 자신의 의도를 뚜렷하게 드러내는 것입니다.

이름과 호칭

성경 저자가 인물 묘사를 위해 곧잘 사용하는 또 하나의 방식은 등장인물에 이름을 부여하거나 등장인물의 호칭 사용입니다. 야곱이 또 다시 형 에서를 속이고 장자의 축복을 가로챘을 때 에서가 눈물을 흘리며 아버지에게 이렇게 부르짖었습니다: "그의 이름을 야곱이라 함이 합당하지 아니하니이까 그가 나를 속임이 이것이 두 번째니이다 전에는 나의 장자의 명분을 빼앗고 이제는 내 복을 빼앗았나이다 (창27:36)." 후일 하나님께서 야곱의 이름을 바꾸어 주십니다: "네 이름을 다시는 야곱이라 부를 것이 아니요 이스라엘이라 부를 것이니 이는 네가 하나님과 및 사람들과 겨루어 이겼음이니라 (창32:28)." 신학적으로 성경에 등장하는 이름은 자주 중요한 역할을 합니다. 그러므로 등장인물의 이름과 그 이름에 대한 설명이 있을 경우 성경 저자가 그 등장인물의 성격이나 역할을 규정하려는 의도가 있다는 것을 인지해야 합니다. 하나님께서 아브람을 아브라함으로, 야곱을 이스라엘로 이름을 바꾸어 주심으로 그들의 삶의 역할이 극적으로 바뀌게 됨을 봅니다. 특히 야곱은 자신의 이름인 야곱처럼 평생 '약탈자' 혹은 '빼앗는자'의 삶을 살았습니다. 또한 하나님께서 아브라함과 사라에게 아들 이름을 이삭이라 지어주심으로 그들을 웃게하실 뿐만 아니라, 자신들의 불신앙에 대한 깨우침을 주시기도 했던 것입니다. 성경에 나오는 다양한 이름들은 그 이름 자체만으로 문학적, 신학적 의도를 가진 것이 많습니다. 엘리멜렉의 두 아들의 이름은 기룐과 말론인데 그 뜻은 '병약함' '실패' 등입니다. 과연 어느 부모가 아이들의 이름을 이렇게 지을 수 있을까요? 문학적 의도가 드러난 이름인 것입니다. 동일 문맥에서 그 어머니의 이름이 나오미 즉 기쁨을 뜻하는데, 사람들이 자신을 나오미라 부를 때 정작 그녀는 자신을 나오미가 아니라 쓰다는 뜻을 가진 '마라'라 불러 달라고 합니다. 사사기에도 이름과 관련된 많은 에피소드가 있습니다. 드보라 내러티브에서 산염소를 의미하는 이름을 가진 야엘이 시스라에게 엉긴 젖을 준 후 그를 죽입니다. 일종의 말놀이에 해당합니다.

이름을 부여하는 방식

이름을 부여하는 방식도 주목할 만합니다. 가령, 출애굽기 2:1-10절에서 유일하게 이름을 가진 존재는 모세 한 사람뿐입니다. 물론 이후에 부모의 이름도, 누이의 이름도 등장하지만, 성경 저자는 오직 한 사람에게만 이름을 부여함으로 독자들이 구원자 모세의 출생에만 온전히 집중하도록 합니다. 가나안 땅으로 들어온지 10년이 지났을 즈음에 사라는 자신의 불임을 해결하기 위해 이집트 여종 하갈을 데려다가 아브라함에게 첩으로 줍니다. 그런데 창세기 16장 1-2절을 보면 하갈이라는 이름보다는 그녀가 여종이요, 애굽 사람이라는 점을 먼저 부각시킵니다. 남편에게 하갈을 주려 할 때도 사라는 하갈을 준다고 하지 않고 '내 여종에게 들어가라'고만 말합니다. 사라가 하갈을 인격적으로 대하지 않고 있음을 넌지시 알려주는 대목입니다. 이런 장면은 창세기 21장에서도 나옵니다. 아브라함은 이삭이 젖을 떼는 날에 큰 잔치를 베풀었습니다. 그런데 본문 21장 8-21절 사이에서 이스마엘이라는 이름 은 전혀 불리지 않음을 봅니다.

> 9. 사라가 본즉 아브라함의 아들 애굽 여인 하갈의 아들이 이삭을 놀리는지라 10. 그가 아브라함에게 이르되 이 여종과 그 아들을 내쫓으라 이 종의 아들은 내 아들 이삭과 함께 기업을 얻지 못하리라 하므로...

사라는 일부러 이스마엘에게 이름을 부여하지 않습니다. 단지 애굽 사람 여종의 아들일 뿐입니다. 이처럼 이름을 호명하는 방식도 내러티브 안에서는 일정하게 저자의 의도를 담고 있음을 기억해야 합니다.

창세기 37장에서 요셉은 아버지의 편애와 자신이 두 번에 걸쳐 꾼 꿈 때문에 형들의 미움을 받습니다. 재미있게도 형들은 요셉이라고 부르지 않고 있음을 주목할 필요가 있습니다. 요셉이 형들을 찾아 도단까지 올라 왔을 때 형들은 요셉을 보고 "꿈꾸는 자"라고 조롱 섞인 말을 던집니다. 요셉을 이스마엘 상인들에게 팔아 넘긴 이후에 아버지 야곱을 속이기 위해 피묻은 채색옷을 아버지에게 보여주며 한 말이 "우리가 이것을 발견하였으니 아버지 아들의 옷인가 보소서"라고 합니다. 요셉의 옷도 아니고 동생의 옷도 아니라, 아버지 아들의 옷이라고 지칭합니다. 성경 저자는 이렇게 요셉의 이름을 형들의 목소리에서 철저하게 배제함으로 형들의 무정함과 요셉을 향한 미움의 크기를 짐작하게 만듭니다. 이렇게 이름이 있음에도 불구하고 이름을 부르지 않는 방식 역시 저자의 의도를 담아내는 인물 묘사의 한 방법입니다.

　　　같은 방식으로 우리는 기능어에 해당하는 대명사가 어떤 식으로 사용되는지도 눈여겨 보아야 합니다. 이름이 있음에도 불구하고 어떤 대목에서는 그의 이름을 의도적으로 부르지 않고 기능적 혹은 관계적 언어로 인물을 묘사하기만 합니다. 창세기 12장 12-20절에 나오는 사래를 예로 들 수 있겠습니다. 첫 번째 아내/여동생 내러티브인데, 내러티브의 전개에 있어서 사래의 존재는 아주 중요합니다. 내러티브의 거의 모든 순간에 사래는 무대에 있을 정도로 중요합니다. 사래는 매절마다 소환되고 있지만, 정작 그녀의 이름은 제대로 불리지 않습니다. 사래는 자신의 이름보다는 "당신", "그의 아내", "그녀", "그 여인", "네 아내" 등 관계적인 언어로 대부분 불려집니다. 이는 사래가 중요한 사람이지만, 정당한 대접을 받지 못하고 있음을 본문에서 호칭을 부여하는 방식을 통해 알려줍니다.

무명의 사람들

　　　지금까지는 이름을 부여하는 것, 그 이름을 부르거나 사용하는 방식과 관련된 의도라고 하면, 이제 정반대로 어떤 경우에는 성경 저자가 이름 자체를 주지 않음으로 자신의 의도를 담기도 합니다. 성경에는 이름을 가진 사람보다는 오히려 이름을 가지지 못한 사람이 더 많다는 사실을 기억해야 합니다. 중요한 역할을 하지만 정작 이름을 가지지 못하는 경우들을 예로 들수 있습니다. 창세기 14장은 최초의 다국적 전쟁에 아브람이 롯을 구하기 위해 참전하는 내러티브가 등장합니다. 아브람이 조카 롯과 소돔성 사람들을 되찾고 돌아올 때 두 왕이 그를 영접합니다. 첫째는 예루살렘왕 멜기세덱이요 둘째는 소돔왕입니다. 멜기세덱은 승리하고 돌아오는 아브람을 위해 떡과 포도주를 가지고 와서 마음껏 축복합니다.

> 천지의 주재이시요 지극히 높으신 하나님이여 아브람에게 복을 주옵소서
> 너희 대적을 네 손에 붙이신 지극히 높으신 하나님을 찬송할지로다

멜기세덱의 영접과 축복의 말을 들은 아브람은 기쁜 마음으로 소유의 십분 일을 멜기세덱에게 드립니다. 그러나 소돔왕의 말은 아주 간단합니다.

> 사람은 내게 보내고 물품은 네가 가지라

소돔왕의 말은 아주 짤막하고 퉁명스럽기까지 합니다. 히브리어로는 단 두 단어로만 구성되어 있는데 뉘앙스를 살려서 번역하면 "사람은 주고, 물건은 너 해!" 입니다. 목숨을 걸고 전투에 임해서 소돔성 사람들을 되찾고 전리품을 가지고 온 아브람에게 최소한의 감사 인사조차 빼먹었지요. 그런 소돔왕의 악함과 인색함을 강조하기 위해 성경은 소돔왕의 이름을 알려주지 않습니다. 그는 소돔의 왕이었지만, 성경 저자는 그를 무명으로 처리하고 말았습니다.

이와 관련해서 출애굽기에 나오는 애굽왕을 생각해 볼 만합니다. 당시 세계를 호령하던 애굽왕이지만, 성경 저자는 의도적으로 애굽왕에게 이름을 부여하지 않습니다. 심지어 1장에서는 신분으로는 애굽왕에 비교할 바가 못되는 히브리 산파의 이름을 십브라와 부아라고 말해주지만, 정작 바로왕에 대해서는 침묵합니다 (출1:15). 아이러니지요. 룻

기 4장은 룻에게 기업무를 자가 누가 될 것인지 알려주는 내용인데 여기서도 이름을 지어주는 것과 관련해서 재미있는 장면이 등장합니다. 룻이 보아스에게 기업무를 자의 의무를 다하도록 요청했을 때, 보아스는 자신보다 가까운 친족이 있어서 그가 기업무를 권리가 먼저 있다고 말합니다. 보아스는 성문에서 그를 만나서 그를 "아무개여 이리로 와서 앉으라"고 말합니다. 성경 저자는 기업무를 자로서 후일 자신의 이기적인 욕심으로 기업무를 권리를 포기하는 이 사람을 의도적으로 무시하기 위해 그의 이름을 소개하지 않고 다만 그를 "아무개"로만 지칭합니다.

이처럼 성경 내러티브에서는 등장인물의 이름을 알려줄 때, 그 이름을 부르는 문맥에서, 그리고 심지어 이름을 부여하지 않을 때에도 저자 자신의 문학적, 신학적인 의도를 드러냅니다. 따라서 등장인물과 그 인물 묘사를 볼 때 이름과 호칭도 놓쳐서는 안됩니다. 저자는 은연중에 내러티브의 즐거움, 아이러니, 그리고 심지어 유머까지도 독자들에게 제공하고 있기 때문입니다. 지금까지 언급한 등장인물의 외형에 대한 묘사는 사실 성경 저자가 사용하는 인물 묘사에 있어서는 다소 낮은 단계에 속합니다. 외형적 인물 묘사보다 좀 더 직접적이고 분명한 것은 인물의 내면에 대한 묘사로 나타납니다.

내면 묘사

성경은 자주 인물의 내면 생각이나 동기, 그리고 평가 등을 독자들에게 알려줍니다. 이것은 등장인물이 직접적으로 언급하고 있지 않기 때문에, 외적으로 드러나지는 않습니다. 당연히 등장인물들 사이에서도 구체적으로 드러나지 않는 일이지요. 하지만 독자들이 적절한 해석에서 벗어나지 않도록 성경 저자가 제공하는 정보입니다. 창세기 13

장에서 아브람의 목자들과 롯의 목자들이 다투게 되자 아브람이 조카에게 먼저 좌우를 선택하라고 했습니다. 그 때 롯이 소돔을 포함한 요단 지역을 바라보고 느낀 점들이 언급됩니다. 롯의 내면의 소리는 이러합니다: "이에 롯이 눈을 들어 요단 지역을 바라본즉 소알까지 온 땅에 물이 넉넉하니 여호와께서 소돔과 고모라를 멸하시기 전이었으므로 여호와의 동산 같고 애굽 땅과 같았더라." 롯이 요단 지역을 보고 생각한 것이 그 땅이 마치 여호와의 동산 같고 애굽 땅과 같았다는 사실입니다. 그의 느낌을 저자가 독자에게 알려주는데 이는 롯이 실제 애굽을 다녀온 이후로 하나님의 뜻에 대해 배운 바가 없다는 것을 말합니다. 아브람은 애굽에서 낭패를 겪은 이후 가나안 땅으로 돌아와서 자신이 처음 제단을 쌓았던 곳을 찾아가 하나님께 처음 제단을 쌓았을 때의 경험을 회복하지만, 롯에게 애굽은 여전히 동경하는 문화요 하나님의 동산처럼 소유하고 싶을 만큼 탐스러운 곳으로 비춰졌습니다.

하나님께서 아브라함에게 일 년 후에 약속의 자녀를 주겠노라 말씀하셨을 때 아브라함이 제일 먼저 가진 마음의 생각은 창세기 17장 17절에 자세히 소개됩니다: "아브라함이 엎드려 웃으며 마음속으로 이르되 백 세 된 사람이 어찌 자식을 낳을까 사라는 구십 세니 어찌 출산하리요." 이는 창세기 18장 12절에서 그대로 사라에게 적용됩니다. 저자는 아브라함과 사라의 내면의 소리를 묘사함으로 그들의 불신앙을 폭로하고 있습니다. 창세기 19장 30절은 소돔의 재앙에서 살아남은 롯이 소알에 거주하지 못하고 산속 동굴로 들어가게 된 마음의 동기를 두려움이라고 말해 줍니다. 동일하게 이삭이 그랄 땅으로 내려갔을 때 아내 리브가를 여동생이라고 속인 이유를 본문은 그가 두려웠기 때문이라고 폭로합니다 (창26:7). 또 이삭은 어머니 사라가 죽은 이후 리브가를 만나 사랑하고 위로를 얻습니다 (창24:67). 야곱이 에서의 축복을 가로챘을 때 에서는 크게 분노합니다. 그리고 성경 저자는 에서의 숨겨진 마음을 소개합니다: "그의 아버지가 야곱에게 축복한 그 축복으로 말미암아 에서가 야곱을 미워하여 심중에 이르기를 아버지를 곡할 때가 가까웠은즉 내가 내 아우 야곱을 죽이리라 (창27:41)." 에서는 야곱을 미워할 뿐만 아니라 아버지 사후 동생을 죽일 계획을 세웠는데, 그 내용은 가장 먼저 독자들에게 전달됩니다. 야곱이 라헬을 사랑하여 그녀를 아내로 얻기 위하여 칠 년의 수고를 마다하지 않았는데 그 때 야곱의 마음을 "그를 사랑하는 까닭에 칠 년을 며칠 같이 여겼더라"고 소개합니다 (창29:20). 라헬은 사랑받는 여인이었지만, 언니 레아의 출산에 극도로 분노하며 시기했습니다 (창30:1). 두 번이나 꿈을 꾸고 그것을 형제들에게 고하는 요셉에 대해 형제들의 시기심은 더욱 더 깊어만 갔습니다. 먼저 창세기 37장 4절은 "그의 형들이 아버지가 형들보다 그를 더 사랑함을 보고 그를 미워하여 그에게 편안하게 말할 수 없었더라"고 말씀합니다. 형들의 마음에 시기가 있다고 소개한 반면, 그들의 마음 속에서 또 다른 인물인 아버지 야곱의 마음도 소개됩니다. 비록 그 진위에 대해서 본문이 명확히 밝히지는 않지만, 야곱이 자신들보다 요셉을 더 사랑하였다고 형들은 생각합니다. 아무튼 여기 짧은 표현 속에 주체자로서 형들의 마음뿐만 아니라 아버지의 마음까지도 소개되고 있음을 봅니다. 8절에 보면 두 번에 걸친 꿈 내러티브로 말미암아 형들은 요셉을 더욱 미워합니다. 하지만 꿈 내러티브를 들은 야곱은 요셉을 꾸짖었으나 정작 자신의 마음에는 그 내용을 새겨두었습니다 (창37:11). 이와 같이 성경 내러티브에는 인물의 내면의 소리를 들려줌으로 등장인물의 성격을 묘사하거나, 그 마음의 동기를 드러냄으로 앞으로 진행되는 내러티브 전개에 도움을 주고 있습니다.

심지어 성경 저자는 하나님의 마음까지도 독자들에게 알려줍니다.

홍수 사건이 있은 이후 구원받은 노아가 방주에서 나온 이후 하나님께 제사를 드렸을 때입니다. 하나님께서는 그 제물의 향기를 받으시고 마음으로 생각하십니다: "내가 다시는 사람으로 말미암아 땅을 저주하지 아니하리니 이는 사람의 마음이 계획하는 바가 어려서부터 악함이라 내가 전에 행한 것같이 모든 생물을 다시 멸하지 아니하리니 땅이 있을 동안에는 심음과 거둠과 추위와 더위와 여름과 겨울과 낮과 밤이 쉬지 아니하리라 (창8:21-22)." 이 긴 말씀은 하나님께서 마음으로 생각하신 내용입니다. 또한 하나님께서 자신에게 독자 이삭을 모리아 산에서 번제로 드리라고 명하셨을 때 모든 정황을 세부적으로 예단하지는 못했겠지만, 독자들은 이미 하나님의 의도를 이해하고 있습니다. 그 말씀을 하신 하나님의 의도가 아브라함을 시험하기 위함이라고 친절하게 알려주기 때문입니다 (창22:1). 이렇듯 심지어 하나님의 마음과 의도까지도 성경이 독자들에게 알려주고 있음을 봅니다.

여기까지는 외형에 대한 묘사보다는 좀 더 직접적이고 분명한 인물 묘사에 해당됩니다. 하지만, 그 묘사가 전달하려는 의도가 명확하지는 않습니다. 인물이 그런 생각을 하는 동기에 대해서는 여전히 의문을 제기할 수 있고, 또 한편으로 인물의 내적 판단이 옳은 것인지는 확정되어 있지 않습니다. 가령, 창세기 17장에서 아브라함이 하나님의 약속의 말씀을 들었을 때 속으로 웃으며 어찌 아이를 낳을 수 있겠는가라고 반문한 것은 비록 아브라함은 자신의 말에 거짓이 없지만, 그 내용은 옳은 것이 아닙니다.

이제 마지막으로 인물 묘사에 있어서 내면의 목소리나 동기를 말하는 것보다 더 분명하고 정확한 방법이 있는데 그것은 화자 (Narrator)가 직접 사실을 밝히고, 평가하는 부분입니다.

화자 (Narrator)의 묘사

성경 인물에 대한 묘사에 있어서 가장 정확하고 직접적인 방식은 바로 화자를 통한 것입니다. 화자는 성경 내러티브를 이끌어 가는 데 가장 중요한 역할을 하는 존재입니다. 화자는 내러티브 속에서 전지한 존재로 있어서 모든 것을 알고 있습니다. 심지어 하나님의 마음속까지 들여다보고 우리에게 적절하게 알려주는 역할까지 합니다. 이런 점에서 전지한 화자가 인물에 대해서, 혹은 어떤 사건에 대해 뭔가를 알려줄 때면 이를 중요하게 여길 필요가 있습니다. 인물 묘사에 있어서 화자의 목소리 역시 중요할 뿐만 아니라, 그 말은 내러티브 전개에 있어서 결정적인 역할을 합니다. 화자에 대해서는 제 9장에서 좀 더 구체적으로 다루어 보겠습니다. 성경에 나오는 직접 묘사와 말을 얼마나 신뢰할 수 있는지를 평가하기 위해서는 더 복잡한 과정이 필요합니다. 등장인물의 말의 신뢰성에 대해서는 이 책의 부록에서 좀 더 구체적으로 볼 수 있습니다.

008

대화의 기술

008

대화의 기술

대화는 성경 저자가 내러티브를 풀어나갈 때 가장 많이 사용하고 선호하는 방식입니다. 사람들은 보통 5~10분 정도 대화를 나누다 보면 상대방의 스타일이나 직업과 관심, 배경 및 지적 수준이나 사람됨됨이까지 어느 정도 짐작할 수 있다고 합니다. 성경 내러티브에서도 직접 인용문으로 표기할 수 있는 대화는 말하는 인물의 생각만을 단순하게 전달하는데 그치지 않고 인물이 어떻게 느끼고 있는지, 어떤 성격을 가지고 있는지, 그의 태도는 어떠한지, 심지어 그의 신분까지도 짐작할 수 있게 합니다. 성경 저자가 대화 방식을 얼마나 좋아하는지는 다음을 통해서도 쉽게 볼 수 있습니다. 창세기 37장 12-17절입니다.

> 그의 형들이 세겜에 가서 아버지의 양 떼를 칠 때에 이스라엘이 요셉에게 이르되
> "네 형들이 세겜에서 양을 치지 아니하느냐 너를 그리로 보내리라"
> 요셉이 아버지에게 대답하되

"내가 그리하겠나이다"

이스라엘이 그에게 이르되

"가서 네 형들과 양 떼가 다 잘 있는지를 보고 돌아와 내게 말하라"

하고 그를 헤브론 골짜기에서 보내니 그가 세겜으로 가니라

어떤 사람이 그를 만난즉 그가 들에서 방황하는지라 그 사람이 그에게 물어 이르되

"네가 무엇을 찾느냐"

그가 이르되

"내가 형들을 찾으오니 청하건대 그들이 양치는 곳을 내게 가르쳐 주소서"

그 사람이 이르되

"그들이 여기서 떠났느니라. 내가 그들의 말을 들으니 '도단으로 가자' 하더라" 하니라

요셉이 그의 형들의 뒤를 따라 도단에서 그들을 만나니라

본문은 아버지 야곱의 명을 받은 요셉이 형들이 양을 치고 있는 장소까지 찾아가는 내러티브인데, 요셉이 길을 잃고 헤매고 있을 때 한 사람을 만나 대화를 나누는 장면입니다. 그런데 이 사람이 요셉에게 대답하는 대목에서 형들의 행적을 이야기해 주는데 그 사람이 형들이 했던 말인 "도단으로 가자"를 직접 인용하고 있습니다. 내러티브의 무대에 실제 등장하지 않는 형들의 말은 보통 단순 서술로 처리하고 넘어가도 문제가 없지만, 그 형들의 말조차도 생생하게 직접 인용문으로 전달하고 있습니다. 이런 패턴은 더 구체적으로 창세기 12장 11-13절에서도 나타납니다. 기근을 피해 애굽으로 내려가던 아브람이 아내 사래에게 애굽에 내려가서는 아내라 하지 말고 여동생이라고 말하자고 제안하는 대목입니다.

그 (아브람)가 애굽에 가까이 이르렀을 때에 그의 아내 사래에게 말하되
"내가 알기에 그대는 아리따운 여인이라. 애굽 사람들이 그대를 볼 때에
이르기를 '이는 그의 아내라' 하여 나는 죽이고 그대는 살리리니 원하건대
그대는 나의 누이라 하라 그러면 내가 그대로 말미암아 안전하고 내 목숨
이 그대로 말미암아 보존되리라" 하니라

　　우선 두 사람이 대화하고 있지만 대화 상대인 사래의 목소리는
전혀 들을 수 없음을 봅니다. 전체 흐름에 사래는 중심인물임에도 불구
하고 그녀의 목소리를 소개하지 않는 것은 저자에 의해 의도된 것입니
다. 그런데 이 대화에는 애굽 사람들의 목소리도 등장합니다. 실제 무
대에 없는 등장인물이지만, 애굽 사람들의 말은 아브람의 목소리 안에
'이는 그의 아내라' 라는 표현으로 직접 인용되고 있습니다. 애굽 사람
들의 목소리는 실재하는 것이 아니라, 아브람이 상상하는 내용이지만,
성경 내러티브는 이런 부분조차도 직접 대화의 양식에 담아두길 좋아
한다는 사실을 다시 한 번 확인할 수 있습니다. 이렇듯 확실히 많은 부
분에서 성경 내러티브는 직접적인 대화체를 더 선호합니다. 그런 경향
은 다음에서도 잘 나타납니다.

하나님이 또 아브라함에게 이르시되
"네 아내 사래는 이름을 사래라 하지 말고 사라라 하라. 내가 그에게 복을
주어 그가 네게 아들을 낳아 주게 하며 내가 그에게 복을 주어 그를 여러
민족의 어머니가 되게 하리니 민족의 여러 왕이 그에게서 나리라"
아브라함이 엎드려 웃으며 마음속으로 이르되

"백 세 된 사람이 어찌 자식을 낳을까 사라는 구십 세니 어찌 출산하리요"
하고
아브라함이 이에 하나님께 아뢰되
"이스마엘이나 하나님 앞에 살기를 원하나이다"

여기서도 아브라함이 마음속으로 생각한 것을 직접 인용문으로 표현하고 있음을 봅니다. 마음의 생각을 단순하게 서술하는 것에서 그치지 않고 성경 저자가 이렇게 대화로서 직접 인용하는 것은 사건에 생동감을 더하고 극적 긴장감을 증대하는 효과가 있습니다. 성경 저자가 대화라는 방식을 얼마나 선호하는지는 등장인물이 하나님께 기도하며 응답받는 부분에서도 대화의 형식을 취한다는 점에서 더 분명히 볼 수 있습니다. 사사기에는 하나님과 이스라엘 지파들의 대화 장면이 여러 차례 나옵니다. 먼저 사사기 1장 1-2절입니다.

1. 여호수아가 죽은 후에 이스라엘 자손이 여호와께 여쭈어 이르되
   "우리 가운데 누가 먼저 올라가서 가나안 족속과 싸우리이까?"
2. 여호와께서 이르시되
   "유다가 올라갈지니라. 보라 내가 이 땅을 그의 손에 넘겨 주었노라" 하시니라

같은 방식으로 이스라엘 총회는 베냐민 지파와의 전쟁을 앞두고 다시 하나님께 기도합니다. 사사기 20장 18절입니다.

18. 이스라엘 자손이 일어나 벧엘에 올라가서 하나님께 여쭈어 이르되
   "우리 중에 누가 먼저 올라가서 베냐민 자손과 싸우리이까?" 하니

여호와께서 말씀하시되

"유다가 먼저 갈지니라" 하시니라

하나님께 신탁을 요청했을 때 하나님께서 당신의 뜻을 보이시는 경우는 다양했지만 아마도 이렇게 마치 대화처럼 주어졌을 것이라고 보기는 어려울 듯합니다. 다만 성경 저자는 자신의 메시지를 보다 생생하게 전달하기 위해 대화라는 방식을 매우 선호한다는 것을 확인할 수 있습니다.

보통의 경우 성경에 등장하는 대화는 주된 등장인물 두 사람이 나누는 상호 대화입니다. 하지만 그 분량을 따지고 보면 길게 대화를 이끌고 나가는 중심인물과 아주 짧게만 응답하는 상대방이 명확히 구분됩니다. 대화 속에서 우리는 등장인물의 성격과 의도를 분명히 알아차리게 됩니다. 서두에서 언급한 것처럼 등장인물들의 대화를 보면 단순히 그들이 말하는 말의 정보가 전후 문맥과 연결되어 중요한 메시지를 전달하기도 합니다. 위 본문에서 아브라함이 속으로 웃으면서 했던 말은 그 다음 장에서 사라의 웃음과 불신앙적 고백으로 이어집니다 (창18:12). 하나님께서는 두 사람의 불신앙적 웃음을 기억나게 하는 이름인 "이삭"을 아들에게 지어주도록 하십니다 (창17:19). 결국 두 사람은 태어난 아이를 이삭이라 이름지으면서 두 가지 측면에서 웃게 됩니다 (창21:6-7). 이처럼 아브라함의 말은 단순히 그 때의 상황을 자세하고 생동감있게 설명하는 것을 넘어 아브라함의 신앙과 인격을 보여주고, 더 나아가 앞으로 일어날 일들의 전조 역할을 하기도 하는 것입니다. 그러므로 성경 인물의 대화를 볼 때 그들의 신앙과 삶, 인물들 사이의 개성, 전후 문맥에서의 역할 등을 함께 고려해야 합니다.

그러기 위해 우리는 등장인물들 간의 대화를 볼 때 반드시 다음의 두 가지 측면을 고려해야 합니다. 첫 번째는 지금까지 보아온 것처럼 대화를 통해 저자가 전달하고자 하는 바를 얼마나 생생하게 전하는가를 보는 것입니다. 즉 대화의 내용을 보는 것이지요. 그러나 대화가 단순히 내용 전달을 잘하고자 하는 동기만 있다고 보아서는 안됩니다. 그렇다면 굳이 저자가 자신의 메시지를 대화라는 형식에 담아둘 필요는 없었을 것입니다. 효과적으로 간접적인 서술만으로도 자신의 메시지 내용을 전달하는데는 문제가 없기 때문입니다.

그러므로 우리는 두 번째 측면을 잘 보아야 하는데 그것은 대화 속에 드러나는 등장인물의 태도와 말하는 방식입니다. 제3장에서 기능어와 내용어에 대한 내러티브를 잠깐 했었는데 이 지점에서 다시 언급할 필요가 있겠습니다. 대화에서 문장의 이 두 가지 측면은 더 분명히 역할합니다. 사실 내용을 전달하는 말만 보아도 등장인물이 무엇을 말하는지는 파악할 수 있습니다. 그러나 그 이면에 대화에 드러나 있는 기능어들을 주목할 때 독자는 등장인물의 마음의 자세를 파악하게 되고 저자가 독자에게 어떤 뉘앙스를 전달하고 싶은지가 드러나게 되는 것입니다. 출애굽기 32장 1절에서 한 가지 예를 들어 보겠습니다.

> 백성이 모세가 산에서 내려옴이 더딤을 보고 모여 백성이 아론에게 이르러 말하되
> "일어나라 우리를 위하여 우리를 인도할 신을 만들라 이 모세 (NIV: As for this fellow Moses) 곧 우리를 애굽 땅에서 인도하여 낸 사람은 어찌 되었는지 알지 못함이니라"

내용어만 연결하면 백성들이 무엇을 말하고자 하는지를 아는데 아무런 무리가 없습니다. 하지만, 우리가 주목할 것은 백성들이 모세를

지칭하는 방식입니다. 내용을 전달하는 것은 아니지만, 백성들의 마음의 자세를 보여주는 중요한 역할을 합니다. 백성들은 애굽에서 열재앙을 내리던 모세, 자신을 인도하여 광야에서 만나와 메추라기로 먹이던 사람, 시내산에서 하나님의 임재 가운데로 들어갔고 언약의 중보자로 역할했던 모세를 기억하고 있지 않습니다. 어쩌면 두려운 마음으로 모세에게 대신 올라가 달라고 했던 그들의 마음이 또 다른 불신앙적 생각을 낳았는지도 모르겠습니다. 어쩌면 그들은 모세가 시내산으로 올라가서 하나님 앞에서 죽임 당했을지도 모른다고 생각했을 것입니다. 40일이나 지나도록 내려오지 않으니 말입니다. 그 마음이 모세를 지칭하는 표현에 묻어납니다. "이 사람 모세"라는 표현에서 백성들의 마음 속에서 이미 모세가 멀어져 있음이 묻어나기 때문입니다. 이런 예들은 앞서 언급했던 대로 내러티브 안에서 등장인물들이 사람들을 부르는 방식 등에서 아주 잘 나타나고 있습니다. 이와 같이 내용 전달과 함께 대화가 더 생생하게 보여주고자 하는 것은 말하는 사람의 마음의 자세에 있습니다. 그러한 마음의 태도를 발견하고 그 속에 드러나는 등장인물의 성격, 의도, 그리고 그들의 신앙적 상태까지도 짐작하게 합니다.

끝으로 성경 내러티브 속에 드러나는 대화와 서술의 상관관계에 대해서 좀 더 내러티브를 나눌 필요가 있습니다. 사실 성경 내러티브는 끊임없이 서술과 대화가 교차적으로 나타나도록 구성되어 있습니다. 보통의 경우 서술은 주로 대화를 이어주는 역할을 하고, 배경을 설명하거나 요약 결론을 내리는 역할을 할 뿐 모든 내용은 대화로 진행됩니다. 그러나 어떤 서술의 경우 대화의 주요한 의도를 강화하는 역할도 합니다. 대화와 함께 주어지는 서술의 역할을 로버트 알터는 크게 세 가지로 구분합니다.

첫째, 플롯의 전개를 위해서는 꼭 필요하지만 대화를 통해서는 쉽게 혹은 적절히 표현하기 어려운 어떤 행동 (다른 행동들은 거의 전해지지 않는다)을 전달한다. 둘째, 플롯에 부수적인 자료를 전달하는데, 성격상 설명적인 자료라 행동들이 포함되어 있지 않으므로 엄밀히 말해서 종종 플롯의 일부가 아닌 자료를 전달한다. 셋째, 등장인물들의 직접적인 대화에 나온 진술에 초점을 맞춘다거나 그 말을 그대로 반복하거나 입증하거나 반박한다.[6]

서술이 대화에 일정한 영향을 미치며, 대화의 내용을 더 잘 이해하도록 강화하는 경우를 한두 가지 예로 설명해 보겠습니다. 창세기 15장 1-3절입니다.

1. 이 후에 여호와의 말씀이 환상 중에 아브람에게 임하여 이르시되 "아브람아 두려워하지 말라 나는 네 방패요 너의 지극히 큰 상급이니라" 2. 아브람이 이르되 "주 여호와여 무엇을 내게 주시려 하나이까 나는 자식이 없사오니 나의 상속자는 이 다메섹 사람 엘리에셀이니이다" 3. 아브람이 또 이르되 "주께서 내게 씨를 주지 아니하셨으니 내 집에서 길린 자가 내 상속자가 될 것이니이다."

이 장면은 아브람이 조카 롯을 구하기 위해 북방 왕들과의 전쟁을 치른 이후의 내러티브입니다. 아마도 아브람은 전쟁 이후 깊은 두려움과 상실감에 빠져있었을 것입니다. 두 가지 이유일 것입니다. 첫째는 북방 왕들이 전열을 가다듬고 복수하러 올 경우 아브람은 꼼짝없이 죽은 목숨이었을 것이고, 둘째는 무엇보다도 자기의 목숨을 돌아보지 않고 구출해 온 조카 롯이 사실상 자신을 따르지 않고 다시 소돔왕과 함

---

6) 알터, 「성서의 내러티브 기술」, 134.

께 떠나버렸기 때문입니다. 그래서 하나님이 먼저 나타나셔서 그를 위로하시고 힘주시기 위해 대화를 시작하십니다. 하나님의 위로의 음성을 들은 아브람은 어떤 반응을 보였을까요? 따옴표 안에 있는 아브람의 말이 상당히 강력하게 그의 절박한 마음을 드러냅니다. 히브리어 본문을 문자 그대로 옮겨보면 다음과 같습니다.

> 보소서, 나에게 당신이 주지 않았습니다.
> 보소서, 내 집의 사람이 나를 상속하게 될 것입니다.

대화를 통해 우리는 아브람이 절박한 마음으로 하나님께 불평하며 부르짖고 있음을 봅니다. 이것은 단순히 서술로 "아브람이 하나님께서 자신에게 후사를 주시지 않아서 크게 불평했다"라고 말하는 것과 차원이 다른 전달입니다. 마치 자신의 가슴팍을 치며 이런 내러티브를 하고 있는 것 같습니다. 아브람의 목소리 톤은 한 옥타브 정도는 더 올라가 있어 보입니다. 이런 생생함이 대화에서 느낄 수 있는 것이지요. 그러나 여기서 멈춰서는 안됩니다. 대화를 연결해주는 서술 역시 우리가 주목해야 하기 때문입니다. 다시 본문을 봅시다. 본문에서 대화는 다음과 같이 진행됩니다.

1. 여호와께서 말씀하시되 " … "
2. 아브람이 이르되 " … "
3. 아브람이 또 이르되 " … "

대화가 왔다갔다한 것이 아니라, 하나님의 말씀에 아브람이 두 번에 걸쳐서 대화를 주도하며 쏟아붙인 것으로 볼 수 있습니다. 아브람의 분노가 담겨진 것이지요. 또 한 가지 더 주목할 것은 2절과 3절의 연결입니다. 보통 문장에서 동일한 주어가 계속해서 나타날 경우 대명사를 써서 주어의 단순 반복을 피합니다. 이것은 성경 히브리어에서도 마찬가지입니다. 그렇기에 자연스러운 흐름으로 치면 2절에서 "아브람이 이르되"라는 표현을 썼기에 3절은 다시 "아브람이 또 이르되"라고 표기하기보다는 "그가 또 이르되"라고 말하는 것이 문장의 연속성을 더 효과적으로 드러냅니다. 그러고 보니 3절에서 주어를 다시 반복함으로 아브람을 한 번 더 부각시키면서 그의 주체적 활동을 강조하고 있습니다. 대화를 통해 아브람이 하나님께 드렸던 말의 내용과 마음의 상태를 보여주면서도 서술을 통해 그러한 아브람의 모습을 한 번 더 강화하는 역할을 하고 있음을 볼 수 있어야 합니다. 이런 경우는 창세기 20장 9-10절에서 다시 볼 수 있습니다.

> 9. 아비멜렉이 아브라함을 불러서 그에게 이르되 "네가 어찌하여 우리에게 이렇게 하느냐 내가 무슨 죄를 네게 범하였기에 네가 나와 내 나라가 큰 죄에 빠질 뻔하게 하였느냐 네가 합당하지 아니한 일을 내게 행하였도다" 하고 10. 아비멜렉이 또 아브라함에게 이르되 "네가 무슨 뜻으로 이렇게 하였느냐" 11. 아브라함이 이르되 "이 곳에서는 하나님을 두려워함이 없으니 내 아내로 말미암아 사람들이 나를 죽일까 생각하였음이요…"

여기서도 동일한 패턴이 보입니다.

9. 아비멜렉이 아브라함을 불러서 그에게 이르되 " … "
10. 아비멜렉이 또 아브라함에게 이르되 " … "
11. 아브라함이 이르되 " … "

아비멜렉의 화난 모습이 세 번에 걸친 질문 속에서 고스란히 드러납니다. 마치 질문을 쏟아내고 있는 듯합니다. 9절의 질문에 대해 아브라함의 목소리는 들리지 않는데 아비멜렉은 쉴 새 없이 다시 아브라함의 대답을 요구합니다. 이런 아비멜렉의 자세는 9절과 10절에서 "아비멜렉"이라는 주어를 연속해서 사용함으로 더 강조됩니다. 물론 여기서는 아비멜렉만 강조된 것이 아니라, 대화의 당사자인 아브라함도 두 번이나 나옵니다. 콕 찍어서 아브라함의 대답을 듣고야 말겠다는 아비멜렉의 적극적인 마음이 서술에 묻어나고 있습니다. 서술은 이렇게 단순히 이어주는 역할만 하는 것이 아니라 때로는 대화의 내용을 강화하는 역할도 있음이 분명합니다.

앞서 언급했던 내러티브 서술 시간과 연대기적 시간의 관점을 여기 적용해보면, 대화가 자세히 언급되는 것 자체가 서술 시간을 길게 하고 연대기적 시간을 멈추는 역할을 합니다. 가령 창세기 22장에서 아브라함이 독자 이삭을 바치는 내러티브를 읽을 때, 본문에 등장하는 대화들이 시간을 지연시키는 기능이 있음을 인지해야 합니다. 내러티브는 자신의 메시지를 명시적으로 독자들에게 강요하지 않습니다. 다만, 대화의 연속을 통해서 시간이 더디게 흐르도록 함으로 하나님의 말씀에 순종하여 모리아산으로 올라가는 아브라함의 발걸음이 참 무겁다는 사실을 느끼게 해줄 뿐입니다. 그러므로 대화가 자세히 언급되는 것만으로도 우리는 성경 내러티브에서 저자가 시간을 멈추어 세우고 무엇인가를 더 강조하고 싶은 것이 있음을 직감하고 읽는 것이 좋겠습니다.

009

화자 (Narrator)의 관점 따라가기

009

화자 (Narrator)의 관점 따라가기

　　화자의 존재가 성경 내러티브에 있어서 대단히 중요한 부분이지만, 따로 떼어서 이해하지 않고 화자의 관점을 이야기하는 부분에서 다루는 것은 화자가 독자에게 내러티브를 해석할 지침과도 같은 관점을 제공하기 때문입니다. 성경에서 관점 (point of view)을 말할 때 일차적으로 몇 가지 다른 관점이 존재한다는 것을 인식할 필요가 있습니다. 첫째는 화자의 관점이 있습니다. 화자는 등장인물로 실재하지는 않지만, 내러티브속에 항상 존재하면서 독자들이 그 내용을 적절하게 이해할 수 있도록 결정적인 단서를 제공합니다. 둘째는 등장인물의 관점이 있습니다. 독자로서 우리는 화자의 목소리를 듣고 있기 때문에 실제로는 등장인물이 알고 있는 지식보다 훨씬 더 많은 정보를 가집니다. 그런 점에서 화자의 관점을 알고 있는 독자는 등장인물의 관점보다 더 많은 정보를 가지게 됩니다. 그러나 화자의 목소리는 독자들에게만 들리는 것이기에 등장인물은 독자가 가진 지식을 알지 못합니다. 마지막 셋째는 좀 더 어려운 부분일수 있는데 등장인물은 당연히 알고 있지만, 실제 독자는 알지 못하는 정보가 있습니다. 보통 이런 경우는 저자가 의도를 가지고 독자들에게 주어져야 할 정보를 일정 기간 동안 숨기고 있는 경우일 수도 있고, 모든 것을 상세하게 서술하지 않기 때문에 오는 당연한 결과일 수 있습니다. 아무튼 하나의 내러티브를 볼 때 독자인 우리는 본문 안에서 화자의 관점과 등장인물의 관점을 잘 파악하는 것이 내러티브 전체의 흐름을 따라가는데 꼭 필요할 것입니다. 이 단락에서는 먼저 화자의 관점에 대해서 논하고 다음 장에서 등장인물의 관점에 대해서 좀 더 다루어 보겠습니다. 이미 앞에서 등장인물을 다룰 때 화자의 목소리를 일부 다루었기 때문에 그 부분은 반복하지 않겠습니다.

화자의 역할

텔레비전에 나오는 드라마는 인물들과 그들 사이에서 일어나는 사건들을 다룹니다. 시청자는 배우의 말과 행동 등을 통해서 드라마를 이해하고 따라가게 마련이지요. 하지만, 작가가 배우들에게 나누어주는 대본을 보면 소위 배우들이 말 속에 드러나지 않는, 즉 시청자에게 공개되지 않는 많은 내러티브들이 지문 속에 들어 있습니다. 때로는 대사보다 지문 묘사, 태도, 배경 설명 등이 더 많을 때가 있지요. 성경 내러티브도 마찬가지입니다. 독자들은 등장인물과 사건을 중심으로 내러티브를 읽겠지만, 등장인물과 사건은 소위 괄호 속 지문에 묶일 수 있는 화자의 목소리가 없이는 독자들에게 제대로 전달되지 않을 것입니다.

화자는 등장인물이 아니지만 사실상 등장인물보다 더 자주 그리고 모든 영역에서 무대에 등장합니다. 그리고 내러티브에 개입하면서 배경을 설명하기도 하고, 새로운 인물을 소개하기도 하고, 추가적인 정보를 더 제공하기도 하고, 어떤 사건이나 행동에 대한 평가를 내리기도 합니다. 심지어 하나님의 마음속까지 독자들에게 알려주면서 내러티브 전체의 흐름을 주도합니다. 그러므로 우리가 내러티브를 읽을 때 화자가 등장인물과 사건을 어떤 식으로 흘러가게 하고 배열하는지를 인식하는 것이 대단히 중요합니다. 즉 화자의 관점 (point of view of the narrator)에 따라 성경 내러티브를 읽고 이해해야 한다는 것입니다. 이는 마치 사진을 찍는 것과 같습니다. 사진은 단순히 사진 속에 있는 사람들에 대해서만 말하는 것이 아닙니다. 사진사의 구도와 그 상황을 해석하는 것들이 사진에 담기게 되지요. 바로 그 일을 화자가 한다고 보면 됩니다.

화자의 전지성 (Omniscience)

심지어 하나님의 생각까지도 읽어낸다는 측면에서 내러티브 속 화자는 모든 것을 아는 존재입니다. 화자의 관점과 등장인물의 관점이 여기서 극명한 대조를 이룹니다. 등장인물은 사건이 있는 장소에 제한되고, 자신이 살아가고 있는 시간에 제한되지만 화자는 그렇지 않습니다. 그렇기 때문에 등장인물의 관점은 제한되지만, 화자의 관점은 내러티브 전체를 꿰뚫습니다.

노아 시대는 온 세상 사람들이 부패하였기에 심판을 받을 수밖에 없는 상황이었지만, 한 사람 노아만큼은 달랐습니다. 창세기 6장 5-6절에서 여호와께서 사람의 죄악이 가득하고 마음의 생각이 항상 악할 뿐임을 보시고 땅 위에 사람 지으심을 한탄하고 마음으로 "근심"하신다고 표현합니다. 하나님께서 마음에 가지신 근심을 화자가 독자들에게 소개해주는 대목입니다. 창세기 6장 9절에서 화자는 우리에게 "노아는 의인이요 당대에 완전한 자라 그는 하나님과 동행하였으며"라고 말해 줍니다. 당대의 사람들과 비교할 때 그는 의로운 사람이라 칭함 받을 만했고, 그 의는 곧 하나님과 동행하는 것과 연결된다고 말함으로써 이후 홍수 사건에서 구원받는 결과를 준비하게 합니다. 같은 맥락에서 9장 12절은 하나님께서 이 세상을 보실 때 "땅이 부패하였으니 이는 땅에서 모든 혈육 있는 자의 행위가 부패함이었더라"고 말씀함으로 노아와 대조되는 모습을 강조합니다. 화자를 통한 인물 평가는 창세기 13장에서 더 분명하게 심판의 맥락과도 연결됩니다. 아브람과 롯의 목자들 사이에 다툼이 일어났을 때 결국 두 가정은 분가하게 됩니다. 삼촌 아브람의 양보로 먼저 땅을 선택하게 된 롯은 요단 온 지역을 택하고 동쪽으로 이주합니다. 이에 대한 결론적 언급을 창세기 13:12-13에서 합니다.

> 아브람은 가나안 땅에 거주하였고 롯은 그 지역의 도시들에 머무르며 그 장막을 옮겨 소돔까지 이르렀더라. 소돔 사람은 여호와 앞에 악하며 큰 죄인이었더라.

사실 10절에서 롯이 그 땅을 선택한 동기는 소돔과 고모라 땅이 마치 여호와의 동산 같고 애굽 땅과 같았기 때문이었습니다. 그래서 요단 온 지역을 택한 후 롯은 전략적으로 소돔까지 가까이 갑니다. 12절에서는 소돔까지 이르렀다고 말씀하지만, 후일 19장에서는 소돔 성 안에 있으면서 심지어 재판관의 역할까지 하는 모습을 봅니다. 롯의 움직임은 우연한 일이 아니라는 점을 분명히 하고 싶습니다. 그런데 롯의 큰 그림에 찬물을 끼얹는 화자의 목소리가 나옵니다. 화자는 여기 롯이 아름답게 여기는 곳이 하나님의 눈에 어떠한지 폭로합니다. 비록 롯의 눈에는 아름답고 풍요로운 땅이라 할지라도 하나님의 관점으로는 이들이 여호와 앞에서 악하며 큰 죄인일 뿐이라고 말씀하는 것입니다.
　　마찬가지로 창세기 19장 29절은 "하나님이 그 지역의 성을 멸하실 때 곧 롯이 거주하는 성을 엎으실 때에 하나님이 아브라함을 생각하사 롯을 그 엎으시는 중에서 내보내셨더라"고 말씀합니다. 소돔성이 멸망당하는 순간 롯을 구출하신 마음의 동기에 아브라함이 있었음을 알려주는 것입니다. 이렇게 결론적인 설명뿐만 아니라, 때로 화자는 하나님의 마음의 생각을 미리 공개함으로 내러티브의 방향성을 결정해 주기도 합니다. 창세기 22장 1절은 "그 일 후에 하나님이 아브라함을 시험하시려고 그를 부르시되 아브라함아 하시니 그가 이르되 내가 여기 있나이다"라고 말씀합니다. 모리아산에서 이삭을 바치라는 명령을 받았을때 아브라함의 마음은 어땠을까요? 대단히 힘든 발걸음이고 결단이었을 것입니다. 그러나 독자는 모리아산으로 가서 아들을 바치라고 하시는 하나님의 명령이 이방인들의 인신 제사를 의도한 것이 아님을 이미 알고 있습니다. 화자는 친절하게 독자에게 "하나님이 아브라함을 시험하시려고"라고 미리 언급해 주기 때문이지요. 다만 이 화자의 목소리는 등장인물인 아브라함에게는 가려진 것이기 때문에 이 지점에서 독자와 등장인물의 관점은 달라지게 되는 것입니다.

뱀은 하나님이 만드신 들짐승 중에서 가장 간교합니다 (창3:1). 물론 간교하다는 말의 의미를 더 살펴야 하겠지만, 화자는 뱀이 등장하는 그 순간에 뱀의 성격을 규정하였습니다. 마찬가지로 야곱과 에서의 출생내러티브에서 화자는 야곱은 조용한 사람이고 에서는 들사람이라고 규정합니다. 조용한 사람이 단순히 엄마의 치마폭에서 노는 소위 고대판 마마보이를 뜻하는 것인지는 또 다른 해석이 필요한 부분입니다. 하지만, 본문은 두 사람이 태어나고 장성하는 과정에서 화자의 목소리로 그들의 성향을 소개했고, 그 인물 묘사는 이후 이삭의 축복에 있어서 중요한 역할을 하게 될 것입니다.

창세기 24장은 아브라함이 종을 보내어 이삭의 아내가 될 리브가를 데리고 오는 장면입니다. 여기서도 화자의 역할이 두드러지는데 다음을 살펴봅시다.

> 15. 말을 마치기도 전에 **리브가**가 물동이를 어깨에 메고 나오니 그는 **아브라함의 동생 나홀의 아내 밀가의 아들 브두엘의 소생이라** 16. 그 소녀는 보기에 심히 아리땁고 지금까지 남자가 가까이 하지 아니한 처녀더라 그가 우물로 내려가서 물을 그 물동이에 채워가지고 올라오는지라.

위 본문의 모든 장면은 화자의 목소리로 묘사되었습니다. 여기서도 화자가 독자에게 주는 정보는 등장인물에게는 가려진 정보임을 알 수 있습니다. 리브가라는 이름이 이미 공개되어 있지만, 등장인물인 늙은 종은 아직 그녀의 정체를 알 수 없습니다. 게다가 그녀의 족보가 소개되어 있는데 이 역시도 종은 모릅니다. 23절에 가서야 종은 "네가 누구의 딸이냐 청하건대 내게 말하라 네 아버지의 집에 우리가 유숙할 곳이 있느냐"라고 질문하죠. 종은 아직 그녀의 이름이 무엇인지, 어느 집 사람인지에 대해 모르지만, 화자는 미리 독자에게 그 정보를 제공하고 있는 셈입니다.

좀 더 구체적인 예를 유다와 다말 내러티브에서 찾아 보겠습니다.

> 6. 유다가 장자 엘을 위하여 아내를 데려오니 그의 이름은 다말이더라 7. 유다의 장자 엘이 여호와 보시기에 악하므로 여호와께서 그를 죽이신지라 8. 유다가 오난에게 이르되 네 형수에게로 들어가서 남편의 아우 된 본분을 행하여 네 형을 위하여 씨가 있게 하라 9. 오난이 그 씨가 자기 것이 되지 않을 줄 알므로 형수에게 들어갔을 때에 그의 형에게 씨를 주지

아니하려고 땅에 설정하매 10. 그 일이 여호와가 보시기에 악하므로 여호와께서 그도 죽이시니 11. 유다가 그의 며느리 다말에게 이르되 수절하고 네 아버지 집에 있어 내 아들 셀라가 장성하기를 기다리라 **하니 셀라도 그 형들 같이 죽을까 염려함이라 다말이 가서 그의 아버지 집에 있으니라**

위 본문에서 굵게 표시된 부분이 화자의 목소리입니다. 본문은 등장인물 간의 대화보다 오히려 화자의 목소리가 내러티브 자체를 주도하고 있음을 봅니다. 이 장면에서 화자의 관점과 등장인물의 관점이 극명하게 차이를 보이기도 합니다. 본문은 유다가 아버지 집을 떠나 가나안 땅에 정착하며 가문을 일으키고자 했던 22년간 그 가정에 일어났던 일과 관련있습니다. 유다는 세 아들을 두었는데 엘, 오난, 그리고 셀라였습니다. 유다는 신속히 가문을 일으키기 위해 엘을 먼저 장가보냈는데 그의 아내는 다말이었습니다. 그런데 첫째 아들이 갑작스럽게 죽고 말았고, 형이 씨가 없이 죽으면 동생이 형수를 취하여 형의 대를 잇게 한다는 당시의 법률에 따라 오난이 다말에게 다시 장가 들었으나 그도 죽고 말았습니다. 그러자 유다는 정확한 원인은 파악하지 못한 채 다말로 인하여 아들들이 죽임을 당했다고 생각하여 셀라를 다말에게 주기를 주저했습니다. 이 간단한 내러티브 속에 치밀하게 계산된 화자의 목소리가 나옵니다. 그리고 화자의 설명은 그 인물들의 성격과 마음의 생각들을 독자들에게 알려줌으로 내러티브를 읽을 때 잘못된 해석을 하지 않도록 돕고 있습니다. 무대에 등장하고 있는 유다는 엘과 오난의 죄악에 대해서 몰랐을 것이고, 오난이 어떤 의도를 가지고 어떻게 행동하는지에 대해서도 몰랐을 것입니다. 11절에서 두 아들의 죽음을 본 유다가 나름 합리적인 제안을 합니다. 최소한 유다는 당시의 법을 따라 마치 막내아들 셀라가 장성하게 되면 그가 형수인 다말을 취하도록 할 것처럼 말했지만, 화자는 넌지시 그의 마음속의 생각을 독자들에게 고발합니다. 셀라가 장성하면 법대로 행하기 위한 제안이 아니라 오히려 다말을 마녀사냥하듯 두 아들의 죽음의 원인을 다말에게서 찾고 있음을 폭로하는 것입니다. 유다의 두 아들 엘과 오난이 죽음을 당한 이유에 대해 정작 유다는 모르지만 독자가 분명히 아는 사실이 있습니다. 등장인물은 정확히 파악하지 못할지라도 화자는 독자에게 그들이 여호와 보시기에 악했기 때문에 여호와께서 죽이셨음을 명확히 밝히고 있습니다 (창38:7,10). 비록 우리는 하나님께서 죽이신 엘이 어떤 죄를 범했는지 정확한 정보를 가지고 있지 않지만, 오난의 경우 그의 행동과 마음의 생각을 알려줌으로 죄악의 성격 또한 알 수 있습니다. 그는 형에게 후손을 주지 않으려는 동기를 가지고 치밀하게 계산된 행동을 했습니다. 법을 지키고 형과 형수를 돌보는 존재로 칭찬도 받고, 성적 즐거움도 누리지만, 정작 형의 대를 이어주지 않음으로써 후일 아버지의 유산까지 독차지 하려는 큰 그림을 그리고 있었음을 독자는 화자의 목소리를 통해 깨닫습니다. 아무튼 성경에서 이 두 사람은 성경에서 인간의 특정한 죄악으로 인해 하나님께서 직접 죽이신 첫 번째 인물들이 되고 말았습니다.

화자는 또한 등장인물에 대한 부가적 설명을 제공합니다. 야곱이 20년 만에 외삼촌 라반의 집을 떠나 도망쳤을 때, 라반이 7일을 추격하여 야곱을 만났을 때입니다. 하나님께서 이미 라반에게 나타나셔서 경고하셨기에 야곱을 어찌하지는 못하고 다만 문제 제기한 것은 누군가가 가정의 신 드라빔을 훔쳐갔다는 사실이었습니다. 이 말을 들은 야곱은 다음과 같이 말합니다. 창세기 31장 31-32절입니다.

31. **야곱이 라반에게 대답하여 이르되** 내가 생각하기를 외삼촌이 외삼촌

의 딸들을 내게서 억지로 빼앗으리라 하여 두려워하였음이니이다 32. 외삼촌의 신을 누구에게서 찾든지 그는 살지 못할 것이요 우리 형제들 앞에서 무엇이든지 외삼촌의 것이 발견되거든 외삼촌에게로 가져가소서 **하니 야곱은 라헬이 그것을 도둑질한 줄을 알지 못함이었더라**

위 본문에서 굵게 표시된 것이 화자의 목소리입니다. 직접 화법 전후에 설명하는 부분에 더해서 마지막 부분에서 "야곱은 라헬이 그것을 도둑질한 줄을 알지 못함이었더라"고 말해줍니다. 화자는 친절하게 등장인물의 행동에 대해 부가적인 설명을 제공합니다. 물론 어쩌면 이 설명은 후일 라헬이 베냐민을 출산하다가 죽음에 이르는 아픔을 미리 예견하는 대목이기도 하겠습니다. 창세기 35장에서 하나님께서 야곱에게 벧엘로 올라가라고 명하셨을 때 야곱은 집에 있던 모든 우상들을 버리는데 정확히 언급되진 않았지만, 라헬이 가져왔던 드라빔도 이때 함께 처분했을 가능성이 높습니다. 그 후 라헬은 베들레헴으로 향하는 길에서 난산으로 인해 결국 죽고 말았습니다.

본문에 등장하는 인물들의 생각들을 밝히 보여주고, 그들 마음의 숨은 동기를 폭로하는 화자의 목소리는 이처럼 본문을 올바르게 이해하는데 있어서 서술, 추가 정보, 평가 등 다양한 방식으로 중요한 역할을 하고 있음을 봅니다. 우리가 기억해야 할 것은 야곱이 그러했던 것처럼 등장인물의 관점은 왜곡될 수 있지만, 화자의 관점은 본문 이해를 위해 항상 믿을만하다는 사실입니다. 그러므로 우리는 내러티브를 읽을 때 항상 화자의 관점을 기억하고 화자가 인도하는 내러티브의 흐름과 평가에 기초해서 내러티브를 해석해야 할 것입니다.

010

등장인물의 관점 따라가기

010

등장인물의 관점 따라가기

앞선 장에서 다룬 화자의 관점과 함께 내러티브 흐름에 있어 중요한 역할을 하는 것이 등장인물의 관점입니다. 화자는 모든 것을 알고 모든 곳에 존재하지만, 등장인물은 내러티브 속에 실재하는 인물로서 시간과 장소, 문화와 상황에 제한됩니다. 그러다 보니 화자와는 다르게 제한된 정보와 이해력을 가지고 내러티브 속에서 행동하고 말합니다. 심지어 독자가 아는 정보조차도 등장인물은 알지 못하는 경우들이 많습니다. 그리고 일정하게 등장인물의 제한된 지식이 생각과 행동에 영향을 미치게 됩니다. 예를 들어, 형들에 의해 애굽으로 팔려갔던 요셉은 애굽에 있던 22년 동안 아버지와 형들의 삶에 대해서는 아무런 지식도 가지고 있지 않습니다. 자신을 팔아넘긴 형들이 집으로 돌아가서 아버지 야곱에게 어떻게 설명했는지 독자는 잘 알고 있지만, 요셉은 전혀 모르는 대목입니다. 그리고 이런 제한된 지식은 실제 형들과의 재회 이후 요셉의 생각과 행동에 영향을 미치게 됩니다. 그러므로 독자가 내러티브를 읽을 때 내러티브 속에 실재하는 등장인물을 제대로 이해하기 위해서는 등장인물의 위치에서 등장인물을 평가하고 이해하는 것이 필요합니다. 내러티브를 생생하게 읽기 위해 독자는 독자 자신의 지식과 등장인물의 지식 사이에 있는 간격을 인식할 필요가 있다는 뜻입니다.

독자는 화자의 목소리를 통해 등장인물의 전후 사정과 현재 사건 이전과 이후를 모두 알고 있기 때문에 너무 쉽게 등장인물의 삶에 개입하고 해석하려 합니다. 예를 들어 독자들 중에 아브라함에게 주어진 약속의 후사가 100세에 태어날 것이며, 그 후사는 이삭이라는 사실을 모르는 사람은 거의 없을 것입니다. 그렇다면 이 사실을 아브라함은 알고 있었을까요? 결코 그렇지 않습니다. 등장인물인 아브라함은 독자인 우리들보다 더 제한된 정보만 가지고 있기 때문입니다. 하나님께서 아브라함에게 주신 약속의 말씀은 창세기 12장 1-3절에 있습니다.

> 너는 너의 고향과 친척과 아버지의 집을 떠나 내가 네게 보여줄 땅으로 가라 내가 너로 큰 민족을 이루고 네게 복을 주어 네 이름을 창대하게 하리니 너는 복이 될지라 너를 축복하는 자에게는 내가 복을 내리고 너를 저주하는 자에게는 내가 저주하리니 땅의 모든 족속이 너로 말미암아 복을 얻을 것이라

아브람이 이 약속의 말씀을 들었을 때 제일 먼저 든 생각은 무엇일까요? 하나님이 큰 민족을 이루게 하실 것인데 현실은 한 사람의 자녀도 없다는 점입니다. 약속의 후사는 누구일까요? 그 약속의 후사를 낳을 여인은 누구일까요? 언제 그 약속이 이루어져 갈까요? 아브람은 이런 질문에 대해 어떤 대답도 알 수 없었습니다. 오히려 아브람이 아는 사실은 무엇입니까? 아내가 불임이라는 사실입니다 (창11:30). 그러

면 아브람은 과연 아내 사래가 약속의 후사를 낳을 것이라고 기대했을까요? 그렇지 않습니다. 아브람이 후사를 가지는 길은 당시로 보면 다양한 방법이 있습니다. 사래가 아이를 낳을 수도 있겠지만, 13-14장에서 보여주듯 조카를 후사로 정하는 방법도 있습니다. 15장에서처럼 양자를 들일 수도 있었을 것입니다. 또한 16장에서처럼 첩을 통해 후사를 볼 수도 있습니다. 현실적으로 불임인 아내는 아브람이 생각한 방식이 아니었을 것입니다. 그래서 창세기 17:15-18의 말씀을 살펴 보겠습니다.

> 15. 하나님이 또 아브라함에게 이르시되 네 아내 사래는 이름을 사래라 하지 말고 사라라 하라 16. 내가 그에게 복을 주어 그가 네게 아들을 낳아 주게 하며 내가 그에게 복을 주어 그를 여러 민족의 어머니가 되게 하리니 민족의 여러 왕이 그에게서 나리라 17. 아브라함이 엎드려 웃으며 마음 속으로 이르되 백 세 된 사람이 어찌 자식을 낳을까 사라는 구십 세니 어찌 출산하리요 하고 18. 아브라함이 이에 하나님께 아뢰되 이스마엘이나 하나님 앞에 살기를 원하나이다

하나님께서 후사에 대한 약속을 사라를 통해 이루실 것이라 확증하셨을 때, 정작 아브라함은 그 사실을 믿지 않았습니다. 아니 꿈에도 생각지 못했을 것입니다. 아브라함의 마음에는 이미 이스마엘이 있었고, 그가 약속의 후사라고 철석같이 믿고 있었던 것입니다. 아브라함 내러티브는 "약속의 후사가 누구인가?"라는 질문이 핵심이고, 가장 중요한 주제를 반영합니다..

그러니 독자가 창세기 12장 이후 내러티브를 읽어갈 때에 등장인물인 아브라함의 인식의 한계를 따라 읽어야 합니다. 독자가 화자로부터 받았던 전지적 정보를 섣불리 아브라함에게 적용하지 않아야 한다

는 뜻입니다. 예를 들어 창세기 12장 10절 이하에서 아브라함이 아내를 여동생이라고 속일 때, 아브라함의 이 선택이 하나님께서 약속하신 후손에게 심각한 위기를 가져왔다고 말하는 것은 옳지 않습니다. 우리는 사래가 이삭의 어머니가 될 것이라는 것을 알고 있지만, 창세기 12장의 근접 문맥에서는 아브람을 비롯해서 집안의 그 누구도 그 사실을 모르는 상황이었기 때문입니다. 자기 목숨을 건지기 위해 아내를 빼앗겼던 아브람은 바로 다음 장인 창세기 14장에서는 롯을 구출하기 위해 목숨도 돌아보지 않고 구출 전쟁을 감행합니다. 이렇게까지 하고 있는 이유는 무엇일까요? 갑자기 자기 목숨이 아깝지 않게 된 것일까요? 아마도 아브람은 그 순간까지 롯이 약속의 후사가 될 수 있는 사람이라고 생각했기 때문일 것입니다. 창세기 15장 4절입니다.

> 여호와의 말씀이 그에게 임하여 이르시되 그 사람이 네 상속자가 아니라 네 몸에서 날 자가 네 상속자가 되리라 하시고

아브람은 창세기 14장 이후 깊은 상실감에 빠져 있습니다. 북방 왕들과의 전쟁 이후 자기 목숨에 대한 두려움이 있었기 때문에 하나님은 15장 1절에서 "아브람아 두려워하지 말라 나는 네 방패요 너의 지극히 큰 상급이니라"고 먼저 찾아오셔서 말씀하십니다. 그럼에도 불구하고 아브람은 임박한 죽음에 대한 두려움 때문에 자기 집에서 길리운 다메섹 사람 엘리에셀을 후사로 세우려고 합니다. 롯은 어디로 갔습니까? 목숨을 걸고 지켜냈던 롯은 삼촌 곁에 머무르지 않고 결국 소돔을 향해 떠나 버렸습니다. 하나님이 약속하신 후사가 롯이라고 생각하다가 뒷통수를 맞은 격입니다. 죽음은 임박한 것 같은데 그때까지 후사가 없었기 때문에 엘리에셀을 세우려고 했던 것입니다. 그때 하나님께

서 주신 또 다른 계시의 말씀이 바로 15장 4절의 말씀 즉 아브람의 몸에서 날 자가 후사가 될 것이라는 사실입니다. 롯도 엘리에셀도 결국 하나님의 약속의 후손이 아니라는 사실이 명백해 집니다. 그러나 이 시점에서도 우리가 잊어서는 안되는 사실이 있습니다. 아브람의 몸에서 날 자에 대한 계시의 말씀이 있는 시점에서도 당시 그 누구도 후사가 사래를 통해 태어날 것이라고는 기대하지 않았을 것입니다. 그녀는 여전히 불임이었기 때문입니다. 그러니 창세기 16장에서 아브람이 하갈을 통해 이스마엘을 낳을 때, 섣부르게 그가 약속을 기다리지 못하고 불신앙적인 행동을 했다고 결론지어서는 안되는 이유입니다. 분명 아브라함이 미숙하게 하나님의 약속을 잘못 이해했노라고 말할 수는 있지만, 약속을 신뢰하지 못했다고 말하는 것은 조심해야 합니다. 등장인물의 자리에서 내러티브를 읽을 때 내러티브에 더 깊이 몰입할 수 있게 되는 것이지요.

이것은 좀 더 짧은 내러티브에서도 마찬가지로 적용할 수 있습니다. 내러티브 안에서 시간이 흐르고, 인식의 변화가 있을 경우 그 변화를 따라야 합니다. 창세기 32장 24-29절을 예로 들어 보겠습니다. 본문은 얍복강가에서 씨름한 야곱 내러티브의 일부입니다.

24. 야곱은 홀로 남았더니 어떤 사람이 날이 새도록 야곱과 씨름하다가 25. 자기가 야곱을 이기지 못함을 보고 그가 야곱의 허벅지 관절을 치매 야곱의 허벅지 관절이 그 사람과 씨름할 때에 어긋났더라 26. 그가 이르되 날이 새려하니 나로 가게 하라 야곱이 이르되 당신이 내게 축복하지 아니하면 가게 하지 아니하겠나이다 27. 그 사람이 그에게 이르되 네 이름이 무엇이냐 그가 이르되 야곱이니이다 28. 그가 이르되 네 이름을 다시는 야곱이라 부를 것이 아니요 이스라엘이라 부를 것이니 이는 네가 하

나님과 및 사람들과 겨루어 이겼음이니라 29. 야곱이 청하여 이르되 당신의 이름을 알려주소서 그 사람이 이르되 어찌하여 내 이름을 묻느냐 하고 거기서 야곱에게 축복한지라

에서가 사백인의 군사를 이끌고 온다는 소식을 들은 야곱은 마음에 깊은 두려움을 안고 얍복강가에서 하나님께 기도했습니다. 그때 야곱은 칠흙같은 어둠속에서 한 사람을 만나 그와 씨름했습니다. 야곱이 만났던 이 사람은 누구일까요? 당연히 하나님이십니다. 그렇다면 야곱이 어둠속에서 처음 이 사람을 만났을 때 그는 이 사람을 누구라고 생각했을까요? 하나님이라고 보기 어렵습니다. 그래서 본문 24절은 "어떤 사람"이라고 표현하고 있습니다. 어떤 사람이 하나님이라고 알게 된 것이 밤새 씨름한 이후입니다. 독자는 지면에서 이 내러티브를 보기 때문에 내러티브의 시작과 끝을 동시에 파악할 수 있지만, 등장인물은 그렇지 못합니다. 그러니 야곱이 어떤 사람을 만났을 때 독자는 너무 일찍 그가 하나님이시라고 단정하고 읽어서는 안됩니다. 그러면 26절에서 야곱이 "당신이 내게 축복하지 아니하면 가게 하지 아니하겠나이다"라고 간구했던 이 극적 변화를 제대로 읽을 수 없게 됩니다. 야곱의 관점을 따라 본문을 순서대로 읽을 때, 밤새 씨름하는 사이에 야곱에게 중대한 인식의 변화가 일어난다는 사실을 독자가 인지하게 되는 것입니다. 처음 야곱이 씨름을 시작했을 때 그는 최소한 자신이 대적해야할 누군가라고 생각했을 것입니다. 죽을 각오로 밤새 씨름을 계속했는데, "어떤 사람"이 이튿날 새벽 자신의 환도뼈를 산산조각 내었을 때 야곱은 그 사람이 단순한 사람이 아니라는 사실을 깨달았던 것입니다. 그리고 나면 더이상 씨름 사건으로 본문을 읽지 않게 됩니다. 야곱이 놓아주지 않아서 하나님이 떠나지 못한 것일까요? 야곱의 허벅지 관절

이 어긋났기에 그는 더이상 씨름을 할 수 없는 처지였습니다. 어쩌면 씨름이 아니라, 절박한 마음으로 매달린 것이라고 표현하는 것이 더 좋겠습니다.

바로 앞 단락에서 언급했듯이 창세기 22장에서 아브라함이 독자 이삭을 바치는 과정을 읽을 때 독자는 화자의 관점이 아니라 등장인물의 관점을 따라 읽을 필요가 있습니다. 화자는 1절에서 하나님께서 아브라함을 시험하기 위함이라는 사실을 독자에게 알려주었으나 정작 아브라함에게는 숨겨진 내용입니다. 그것은 독자만 가지고 있는 정보입니다. 그러니 이런 화자의 관점을 가지고 성경을 읽으면 재미가 없어집니다. 어차피 하나님은 이삭을 진짜 바치라는 뜻이 아니야! 하나님께서는 이삭을 제물로 잡기 직전에 아브라함을 불러 세우실 거야! 라고 미리 생각하고 읽으면 모리아산을 오르던 아브라함의 심정을 놓치게 되는 것입니다.

이와 같이 성경 내러티브를 읽을 때 등장인물을 중심으로, 등장인물의 관점을 따라 읽는 것이 필요합니다. 비록 독자가 화자의 관점을 가지고 있기 때문에 등장인물보다 더 많은 정보를 가지고 있지만, 내러티브는 모름지기 사건 단위보다는 인물 중심으로 읽고 해석해야 합니다.

011

내적 배경 이해하기

11

내적 배경 이해하기

내러티브는 항상 역사, 문화, 지리적 배경을 가지고 있습니다. 내러티브가 평범하게 진행되는 것같아도, 독자가 만일 내러티브에 부여된 여러 배경을 이해하고 내용에 덧입힐 수 있다면 내러티브가 훨씬 더 생동감있게 전달될 것입니다. 성경 내러티브를 이해하기 위해 두 가지 측면에서 배경을 이해할 필요가 있습니다. 첫째는 내러티브 자체가 전달하는 배경입니다. 각 내러티브에는 그 내러티브가 실재했던 시간, 장소, 문화 등이 존재합니다. 이것은 본문 안에서 그 배경을 찾아야 하는 측면이지요. 둘째는 내러티브를 둘러싸고 있는 배경이 있습니다. 성경은 일련의 연속된 흐름이 있습니다. 하나의 내러티브는 항상 앞 뒤 문맥을 가지고 있고, 그 문맥은 실제로 내러티브 자체의 해석에 상당히 중요한 영향을 미치게 됩니다. 이것은 본문 밖에서 찾아야 하는 배경이라고 할 수 있겠습니다. 이번 장에서는 본문 안에서 찾는 내적 배경에 치중하고, 다음 장에서 외적 배경을 다루어 보겠습니다.

어떤 내러티브든 자체적으로 내러티브가 전개되는 무대가 있습니다. 그러한 무대와 관련한 질문은 주로 다음과 같은 질문을 던져볼 수 있습니다. 첫째, 사건이 언제 일어났었는가? 본문 안에는 시간의 변화가 주어져 있는가? 절대적 시간에 대한 질문이기도 하겠지만 상대적인 시간을 얻을 수도 있습니다. 둘째, 사건이 어디서 일어났는가? 본문 안에는 장소적 변화가 있는가? 예를 들어, 성경은 아브람이 하나님의 명령을 받아 하란을 떠나 가나안 땅에 이른 과정을 단 한 절로 요약하고 있지만, 실제로 하란과 가나안 땅은 약 800여 킬로미터나 되는 거리임을 독자가 인지하는 것이 필요하다는 뜻입니다. 셋째, 내러티브에 담겨 있는 사회, 문화, 혹은 종교적 배경은 없는가? 사실 이런 부분은 특별한 경우가 아니면 본문이 독자들에게 자세히 알려주지 않는 부분입니다. 정보의 관점에서 보자면 등장인물은 모두 알고 있지만 독자에게는 대체로 알려져 있지 않은 정보인 셈입니다. 그러니 만일 독자가 등장인물들의 대화와 내러티브 전개의 배경에 담겨 있는 역사, 문화, 종교, 사회적 배경을 이해할 수 있다면 내러티브는 굉장히 다르게 다가올 것입니다.

시간과 장소의 변화는 단순히 사실 전개를 위해서만 필요한 것이 아닙니다. 이런 변화가 종종 내러티브 단락을 나누는데 유용하게 사용된다는 설명은 제 1장에서 다루었습니다. 여기서 한 걸음 더 들어가면, 성경 내러티브가 시간과 장소를 명시적으로 언급할 때는 종종 시간과 장소가 등장인물의 생각과 감정 등에 영향을 주거나 내러티브 전개에 있어서 중요한 상징성을 더해주기도 합니다.

시간적 배경

가령 창세기 13장 14절은 "롯이 아브람을 떠난 후에 여호와께서 아브람에게 이르시되… ” 시간적 배경을 “롯이 아브람을 떠난 후”라고 언급할 때 독자는 그 시점에 아브람이 가지고 있었을 법한 생각이나 감정을 읽을 필요가 있습니다. 가나안 정착 초기 아브람에게 있어서 롯은 하나님이 약속하신 후사였습니다. 적어도 아브람은 그렇게 생각했다는 뜻입니다. 아브람에게는 롯이 항상 최우선 순위에 있었고 롯을 위해서라면 무슨 일이라도 기꺼이 할 준비가 되어 있었습니다. 그런데 롯은 지금 아브람을 떠났습니다. 모든 가축과 소유를 데리고 소돔 땅을 향해 가버렸습니다. 롯이 약속의 후사일 것이라는 아브람의 희망의 끈은 아직 끊어지지 않았지만 롯은 분명 아브람으로부터 멀어져서 이 세상에서의 풍요로움을 추구하고 있었습니다. 자신을 떠나가는 롯의 뒷모습을 바라보는 아브람의 마음은 어땠을까요? 이 질문이 “롯이 아브람을 떠난 후에”라는 표현 속에 들어 있는 셈입니다. 바로 그러한 상황 가운데 하나님께서 아브람을 만나주신 것이지요. 허전하고 또 불안해진 아브람의 마음에 먼저 다가오시고 약속을 재차 주시는 하나님의 마음도 바로 그 다음 문장에서 더욱 부각되는것은 당연한 일입니다.

마찬가지로 창세기 15장 1절은 시간적 배경을 단순히 “이 후에” 라고만 말씀합니다. 이는 14장의 사건 이후를 뜻한다고 보는게 가장 자연스럽습니다. 창세기 14장에서 북방 왕과의 전투에 참여하고 돌아온 뒤에 하나님께서 아브람을 찾아오신 것입니다. 그리고 “아브람아 두려워 말라 나는 네 방패요 너의 지극히 큰 상급이니라”라고 말씀하셨습니다. 거꾸로 생각하면 아브람이 전쟁을 치른 후 극심한 두려움과 상실감에 휩싸였음을 암시합니다. “이 후에”라는 말은 시간적으로 14장 이후라고만 말하는 것이 아니라, 15장 내러티브를 이해하는데 있어서 아브람의 마음의 상태를 깨닫는데 결정적으로 중요한 역할을 하고 있습니다. 창세기 17장 1절은 “아브람이 구십구 세 때에”라는 시간적 배경을 제공하는데, 그 사건이 일어난 때의 아브라함의 나이를 단순히 알리는 데 그치지 않고 독자로 하여금 이 표현을 읽을 때 깜짝 놀라게 만듭니다. 하나님이 무려 13년 만에 아브람에게 말씀하셨단 말인가? 그 동안 아브람에게 무슨 일이 있었지? 13년 만에 나타나신 하나님의 음성이 책망처럼 느껴지는 것은 왜 일까? 등등의 질문을 하게 됩니다.

한 가지 예만 더 언급하겠습니다. 룻기의 시간적 배경은 "사사들이 치리하던 때 (룻1:1)"입니다. 룻기가 사사 시대에 속한다는 말은 곧 사사 시대의 영적인 상황을 룻기가 공유한다는 뜻이 됩니다. 베들레헴에 흉년이 들었다는 말 자체를 다르게 해석할 여지가 생깁니다. 그 흉년은 과연 자연적 기근에 의한 것인지 아니면 사사 시대처럼 하나님의 징계로 말미암아 심판을 받은 것일지를 궁금해 해야 하는 것이지요. 이처럼 시간에 대한 언급은 내러티브 자체의 배경을 형성하면서도 본문의 내용을 보다 적절하게 이해하는데 있어서 중요한 역할을 할 때가 많다는 사실을 기억해야겠습니다.

장소적 배경

성경에서 장소에 대한 언급은 내러티브 자체에 생생함을 훨씬 더 잘 전달합니다. 내러티브가 일어나는 실질적인 장소를 내포하기도 하지만, 그 장소는 내러티브에 또다른 상징적 의미를 전달하기도 합니다. 다시 창세기 12-13장을 살펴보면 장소에 대한 언급이 지속적으로 본문 안에 등장하는 것을 봅니다. 아브람은 하란에서 길을 떠나 가나안 땅으로 마침내 들어옵니다. 가나안 북쪽으로 들어온 아브람은 먼저 세겜 땅 모레 상수리 나무에 도착하였습니다 (창12:6). 그곳에서 하나님께서 다시 나타나셔서 땅에 대한 약속을 새롭게 해주셨고 아브람은 믿음으로 그곳에 제단을 쌓았습니다 (8절). 그 후 아브람은 벧엘 동쪽 산으로 이동하는데 서쪽은 벧엘이고 동쪽은 아이였습니다. 거기서도 아브람은 제단을 쌓았습니다. 아브람은 벧엘과 아이 근처를 지나 결국 남방 즉 네게브 지역까지 이릅니다 (9절). 그곳에서 기근을 만난 아브람은 네게브를 지나 이집트까지 내려갔다가 올라옵니다 (창12:10-13:1). 그리고 13장에 나오는 장소는 다음과 같이 언급됩니다.

> 3. 그가 네게브에서부터 길을 떠나 벧엘에 이르며 벧엘과 아이 사이 곧 전에 장막 쳤던 곳에 이르니 4. 그가 처음으로 제단을 쌓은 곳이라 그가 거기서 여호와의 이름을 불렀더라 … 18. 이에 아브람이 장막을 옮겨 헤브론에 있는 마므레 상수리 수풀에 이르러 거주하며 거기서 여호와를 위하여 제단을 쌓았더라

애굽으로 내려갔다가 낭패를 겪었던 아브람이 다시 약속의 땅으로 돌아오면서 여행을 시작했는데 네게브에서 벧엘 그리고 종국엔 헤브론에 있는 마므레 상수리 수풀 근처에 정착합니다. 12장의 장소와 비교해서 본다면 아브람이 처음 가나안 땅에 들어왔을 때 방문했던 곳들을 다시 방문했음을 알 수 있습니다. 그 사실을 강조하기 위해 본문은 계속해서 "전에 장막 쳤던 곳" 혹은 "처음으로 제단을 쌓은 곳"이라는 표현을 반복합니다. 이로써 아브람이 13장에서 장소를 이동하는 것은 단순히 거주지가 어디였는지를 말하는데 대한 관심보다는 아브람이 애굽에서의 실패를 반면교사로 삼아 처음 하나님을 예배하고 만났던 장소로 돌아가기를 원했다는 것을 뜻합니다. 13장에서의 장소 언급은 아브람의 신앙 회복 여정인 셈입니다. 그런데 18절에서는 아브람이 마지막으로 정착한 곳이 세겜 땅 모레 상수리가 아니라 헤브론에 있는 마므레 상수리 수풀이라고 소개합니다. 언어적으로는 연결점이 있지만, 장

소에 대한 지식을 가지고 있으면 이상할 수 있습니다. 아브람이 네게브에서 출발해서 벧엘까지 올라갔다가 더 북쪽에 있는 세겜이 아니라 남쪽에 있는 헤브론으로 다시 내려가서 정착한 것이기 때문입니다. 14절 이하의 장면이 이해에 도움이 될 것입니다. 하나님께서는 롯이 떠난 이후 아브람에게 동서남북을 다니면서 하나님이 허락하실 땅을 보라고 말씀하십니다. 보이는 땅을 허락하시겠다는 말씀을 들었을 때 아브람은 어떤 마음이었을까요? 하나님의 약속을 받고 가나안 땅을 이리저리 다니면서 구경하고 산꼭대기까지 올라가서 온 땅을 바라보면서 얼마나 감격했을까요! 실제 헤브론은 가나안 땅에서 가장 높은 산악 지역입니다. 가나안 땅에서 가장 높은 지역까지 올라가서 하나님이 약속하신 그 땅을 내려다 보며 그곳에서 여호와의 이름을 부르는 아브람의 모습을 상상해 보면 설렘이 가득합니다. 그가 헤브론에 머물기로 한 것이 그런 이유는 아니었을까요?

창세기 28장에서는 야곱이 형 에서를 피해 외삼촌의 집이 있는 하란으로 도망가는 장면이 나옵니다. 이삭이 머물던 곳은 브엘세바였고, 도망치던 야곱이 머문 장소는 벧엘입니다. 두 지역 간의 거리는 거의 80km 정도 되니 만일 야곱이 하루 만에 도망친 거리라고 단순하게 말하기 어려울지 모릅니다. 여유있게 가면 3일 정도는 걸릴만한 거리인데, 본문은 시간의 흐름보다 장소의 변화에 더 주목합니다. 어쩌면 걸음아 날 살려라 하는 자세로 숨이 턱밑까지 차오르도록 도망하고 도망쳤다는 의미처럼 느껴집니다.

야곱이 도망치는 내러티브는 사실 외삼촌 라반의 집에서 가나안 땅으로 돌아올 때도 마찬가지로 나타납니다. 외삼촌 몰래 밧단아람을 도망치듯 떠난 야곱은 열흘 만에 외삼촌의 추격에 따라잡힙니다. 도망친지 사흘 만에 사실이 드러나고, 라반은 칠 일을 달려서 열흘 만에 야곱에게 도달한 것이지요. 그런데 라반이 야곱을 만났던 장소가 길르앗 산지입니다 (창31:23). 길르앗은 특정 지역을 언급하는 것이 아니라 요단 동북편의 광범위한 지역 전체를 일컫는 표현이기 때문에 정확히 어디라고 말하기는 어렵지만, 보통 이스라엘 사람들의 생각속에 있는 길르앗 지역 (예를 들어 길르앗 라못 등)까지 내려왔다고 가정한다면 야곱은 열흘 동안 거의 쉼없이 가축들을 몰아 세웠을 것입니다. 20년 전 집을 떠날 때 그러했던 것처럼, 가나안 땅으로 돌아오는 길도 숨이 턱에 차오를만큼 급박하게 진행되었다는 사실을 알 수 있습니다.

창세기 37장도 지리적 배경에 대해서 언급할 가치가 있습니다. 야곱이 가나안 땅에 정착한 곳은 헤브론이었습니다 (14절). 그런데 요셉의 형들은 세겜까지 올라가서 양떼를 돌보고 있었습니다 (12절). 야곱은 요셉에게 형들의 근황을 알아보도록 심부름을 보내는데 이 거리는 하루동안에 갈 수 있는 거리가 아닙니다. 요셉은 아버지의 명을 수행하기 위해 며칠을 걸어가야 했다는 뜻이지요. 그런데 요셉은 세겜에서 형들을 만나지 못하고 그곳에서 그만 방황하게 됩니다. 그때 누군가로부터 형들이 도단으로 향했다는 소식을 듣고 다시 도단으로 떠나게 됩니다 (17절). 도단은 세겜에서부터 또 다시 하룻길을 걸어야 하는 거리입니다. 이렇게 창세기 37장이 지명을 소개하는 것은 요셉의 충성스러움을 강조하기 위함입니다. 게다가 도단은 상인들이 이집트로 여행할 때 지나는 지점이라는 사실을 알려줌으로써 하나님께서 요셉을 이집트로 보내시기 위해 미리 역사하고 계셨음을 보게 하는 장치입니다. 요셉에게 두 번에 걸친 꿈을 꾸게 하셨던 하나님께서는 쉬지 않고 곧바로 그 꿈을 성취하는 일을 시작하셨다는 것입니다. 이처럼 지리적 배경은 본문 이해에 생동감은 물론이고 신학적 중요성도 더해 줍니다. 혹 기회가 된다면 잘 설명된 성경 지도를 곁에 두고 애독하는 것이 성경을 이해하는데 상당한 도움이 될 것입니다.

　　마지막으로 지리적 정보가 본문의 신학적 의도에 일정한 역할을 하는 경우들도 있습니다. 창세기 38장은 다음과 같이 시작합니다. "그 후에 유다가 자기 형제들로부터 떠나 내려가서 아둘람 사람 히라와 가까이 하니라 (창38:1)" 유다가 아버지의 집을 떠나 가나안 땅으로 갔다는 설명인데 이것은 창세기 38장 전체의 지리적 배경으로 자리합니다. 그런데 유다가 아버지의 집을 떠나서 가나안 땅으로 "내려갔다"고 언급하는 것은 단순히 지리적으로 아래에 있다는 뜻일까요? 물론 헤브론이 가장 높은 지대이기 때문에 다른 곳으로 가려면 지리적으로 내려가야 했을 것입니다. 하지만, 여기서 내려간다는 뜻은 아버지의 집을 떠나 가나안으로 향하는 유다의 발걸음이 영적인 퇴보를 나타낸다고 넌지시 독자들에게 알려주는 표현이기도 합니다. 마치 요나가 하나님 앞에서 도망쳐서 욥바로 내려가고, 배로 내려가고, 배 밑으로 내려갔다고 표현하는 것과 마찬가지겠지요.

　　장소를 통해 일종의 아이러니를 알려주는 경우도 있습니다. 유다가 양털을 깎기 위해 딤나로 갔을 때의 일입니다. 유다의 두 아들도 죽고 유다의 아내 수아의 딸도 죽은 이후입니다. 막내 아들 셀라가 결혼할 수 있는 나이가 되면 다말에게 보내야 할 법적 의무가 있었는데 유다는 그것을 고의로 행하지 않고 있었습니다. 이를 알게 된 다말은 시아버지를 속이고 계략을 꾸밉니다.

13. 어떤 사람이 다말에게 말하되 네 시아버지가 자기의 양털을 깎으려고 딤나에 올라왔다 한지라 14. 그가 그 과부의 의복을 벗고 너울로 얼굴을 가리고 몸을 휩싸고 딤나 길 곁 에나임 문에 앉으니 이는 셀라가 장성함을 보았어도 자기를 그의 아내로 주지 않음으로 말미암음이라

유다와 다말이 만나는 극적인 순간은 다름아닌 "에나임 문"에서 일어납니다. 에나임이라는 말은 '두 개의 우물'이라는 뜻일 수도 있지만, '두 개의 눈'을 뜻하기도 합니다. 단순한 지명의 문제가 아니라, 일종의 아이러니, 혹은 암시의 기능으로 장소가 사용된 예라 할 수 있겠습니다. 두 눈의 입구에서 (at the entrance of eyes) 유다는 다말을 만났으나 그녀가 며느리라는 사실을 알지 못합니다. 눈을 뜨는 장소에서 눈이 감기운 것이지요. 그리고 이 사건은 후일 유다의 눈을 극적으로 뜨게 만들고 아버지의 집으로 돌아가게 하는 계기가 됩니다. 이런 점에서 에나임 문은 단순히 두 사람의 만남의 장소뿐만 아니라 유다의 눈이 뜨여지게 될 것을 알리는 문학적 장치라고 할 수 있겠습니다.

창세기의 신학적 의도는 야곱의 장례 내러티브에 잘 담겨 있는데 여기서도 장소는 중요한 역할을 합니다. 야곱의 장례 행렬은 헤브론 땅 막벨라 굴을 향해 떠나는데, 여정은 이러합니다.

8. 요셉의 온 집과 그의 형제들과 그의 아버지의 집이 그와 함께 올라가고 그들의 어린 아이들과 양 떼와 소 떼만 고센 땅에 남겼으며 9. 병거와 기병이 요셉을 따라 올라가니 그 때가 심히 컸더라 10. 그들이 요단 강 건너편 아닷 타작 마당에 이르러 거기서 크게 울고 애통하며 요셉이 아버지를 위하여 칠 일 동안 애곡하였더니 11. 그 땅 거민 가나안 백성들이 아닷 마당의 애통을 보고 이르되 이는 애굽 사람의 큰 애통이라 하였으므로 그 땅 이름을 아벨미스라임이라 하였으니 곧 요단 강 건너편이더라 12. 야곱의 아들들이 아버지가 그들에게 명령한 대로 그를 위해 따라 행하여 13. 그를 가나안 땅으로 메어다가 마므레 앞 막벨라 밭 굴에 장사하였으니 이는 아브라함이 헷 족속 에브론에게 밭과 함께 사서 매장지를 삼은 곳이더라

여정은 사실 아주 간단하게 언급되어 있습니다. 고센 땅에서 떠나 아닷 타작 마당이라 불린 어떤 장소 그리고 막벨라 굴입니다. 아닷 타작 마당이 어딘지 우리는 정확히 알 수 없지만, 본문이 애굽에서 가나안으로 향하는 모든 길들을 전혀 언급하지 않으면서도 이 곳을 두 번이나 언급하고 있다는 사실에 주목해야 합니다. 그리고 아닷 타작 마당을 언급할 때 마다 본문은 또 다른 정보를 주는 데 그곳은 요단강 건너편이라는 표현입니다 (10, 11절). 독자들은 여기서 질문이 생깁니다. 요셉은 당시 애굽의 최고 권력자였기에 야곱의 장례 행렬에서 심지어 "바로의 모든 신하와 바로 궁의 원로들과 애굽 땅의 모든 원로와 요셉의 온 집과 그의 형제들과 그의 아버지의 집"이 다 함께 가나안으로 올라갔다고 표현합니다 (7-8절). 그러면 왜 요셉은 요단강 건너편으로 여정을 정했을까요? 사실 애굽에서 가나안으로 향하는 가장 안전하고 빠른 길은 애굽의 해안길을 따라 올라가는 길인데, 요셉이 그 길을 선택하지 않고 오히려 어려운 광야 길과 한참을 돌아가야 하는 요단강 건너편으로 방향을 잡은 이유는 언뜻 이해하기 어렵습니다. 본문은 이 여정을 잊지 말라고 강조하고 있으니 이 여정에는 분명 저자의 신학적 의도가 담겨져 있다고 보아야 할 것입니다. 야곱의 장례 행렬은 단순한 장례식 절차만의 문제가 아니라, 아주 거대한 출애굽의 원형을 보여주는 장치로서 역할하고 있는 것입니다. 사실 큰 범위에서 애굽을 떠나 요단강 동편을 지나 가나안으로 향하는 여정은 이후 출애굽한 이스라엘 백성들의 여정과 동일합니다. 그러므로 창세기의 원래 독자인 출애굽한 이스라엘 백성들이 야곱의 장례 행렬을 보면서 자신들의 출애굽을 떠올렸을 것입니다. 아마도 이스라엘 백성들은 광야길을 걸으면서 창세기의 마지막 장면을 떠올리며 약속에 신실하신 하나님께서 지금 그 약속을 지키고 계신다는 사실을 확신하고 감격했을 것입니다. 성경 내러티브는 전하고자 하는 내용을 직접적으로 전달하기보다는 이렇게 내러티브를 통해 간접적이면서도 더 극적으로 전달하기도 합니다. 내러티브가 갖는 강점입니다.

사회 문화적 배경

시대를 막론하고 사람들은 특정한 사회에 속해 자신들만의 고유한 문화와 역사적 배경 아래 살아가고 있습니다. 그러한 배경은 사회에 속한 사람들의 사고와 언행에 지대한 영향을 끼칩니다. 특정한 사회와 문화에 속한 사람이 다른 사회와 문화, 역사적 배경을 가진 사람들을 평가할 때 자기만의 방식으로 이해한다면 중대한 오류에 직면하게 될 것입니다. 우리가 중동을 이해하려 할 때 그들의 가치관과 역사를 이해하지 않고 한국적 배경으로만 이해하려 하면 대단히 위험한 일입니다. 성경 내러티브는 더더욱 그러합니다. 성경 내러티브는 당시 사람들의 실제 경험입니다. 창세기 족장들은 4천 년 전 가나안 땅에 거주하면서 유목 생활과 정착 생활을 병행했던 사람들입니다. 그들의 삶이 역사의 무대에 실제했고, 성경 내러티브는 그들의 삶을 기록으로 남겼습니다. 여기서 잊어서는 안되는 것이 실제 세상과 기록된 세상에는 다른 측면이 존재할 수 있다는 사실입니다. 기록으로 남은 성경 속의 사건은 실제 세상을 기초로 했지만 저자의 의도가 담긴 세상이라고 할 수 있습니다. 성경 속 내러티브는 등장인물들이 속한 그들만의 문화가 있었고, 그들만이 공유하던 사고 구조가 있었습니다. 어쩌면 그들에게는 너무나 당연하여 성경 내러티브의 배경으로만 역할 할 뿐 21세기 독자인 우리들에게는 설명조차 하지 않는 것들이기도 합니다. 그러므로 현대를 살아가는 독자들이 성경 내러티브를 더 잘 이해하고자 한다면 당시 세계를 전제하고 그들의 삶의 자리에서 이해하려는 노력이 필요합니다.

성경은 우리를 위해 기록되었지만, 우리에게 기록된 것은 아니기 때문입니다. 그들의 세계에 들어가서 성경 말씀이 그들에게 무엇을 의미했는지를 연구하고, 그 속에서 변하지 않는 진리가 오늘날 우리에게 무엇을 의미하는지 탐구 합니다.

아브람의 상속자 엘리에셀 (창15:1-6)

하나님께서 약속의 후사를 주시겠노라 약속하셨을 때 아브람은 그 약속을 믿었습니다. 그런데 창세기 15장에 이르러 이상한 장면을 봅니다. 아브람이 갑자기 자신의 후사가 지금까지 자신의 집에서 기른 종 엘리에셀이 될 것이라고 말하고 있기 때문이죠. 아무리 엘리에셀이 주인의 신뢰를 얻었고 오랫동안 함께 지내왔다고 할지라도 법적 상속자로 삼는 것은 전혀 다른 문제입니다. 아브라함은 어떤 근거로 종을 상속자로 세우려고 했을까요? 그렇게 했을 때 얻을 수 있는 기대 효과는 무엇일까요?

막벨라굴 구입 (창23:1-20)

백여년을 함께 했던 아내와의 사별은 심히 고통스러운 일일 것입니다. 창세기 23장은 아브라함은 백이십칠 세에 죽은 아내의 매장지를 구입하여 장례를 치르는 내러티브입니다. 사실 사별에 대한 슬픔이 깊이 느껴져야 할텐데 본문은 아내 사라의 죽음 자체에 대해서는 그다지 관심을 기울이지 않습니다. 대신 매장지를 구입하기 위해 많은 노력을 기울이고 있음을 강조합니다. 사라의 죽음에 대한 언급은 1-2절에서만 나오고, 그녀의 매장에 대한 내용은 19-20절에서 간단하게 요약됩니다. 그런데 한 가운데 있는 3-18절은 매장지를 구입하기 위해 아브람이 어떤 노력을 기울였는지를 보여줍니다. 실제로 이 때 아브라함이 구입한 막벨라 굴은 이후 역사에 있어서도 아주 중요하게 역할합니다. 사라를 뒤이어 아브라함도 이곳에 매장되었고, 이삭과 리브가, 야곱과 레아 또한 이곳에 매장되었습니다. 특별히 창세기의 결론부에서 막벨라 굴은 신학적으로 중요한 의미를 가집니다 (창49:29-32; 50:13). 막벨라 굴은 하나님께서 아브라함과 자손들에게 땅을 주시겠다는 약속에 대한 그들의 굳은 신뢰를 보여주는 신앙고백인 셈입니다.

그런데 아브라함이 막벨라 굴을 구입하는 것은 쉽지 않은 과정이었습니다. 아브라함이 헷 족속에게 가서 매장지를 구했을 때 그들의 첫 번째 반응은 이러했습니다: "내 주여 들으소서 당신은 우리 가운데 있는 하나님이 세우신 지도자이시니 우리 묘실 중에서 좋은 것을 택하여 당신의 죽은 자를 장사하소서." 헷 족속 사람들은 아브라함이 원하는 곳에 얼마든지 장사지내도 좋다고 말했습니다. 그러나 아브라함은 굳이 막벨라 굴을 충분한 돈을 주고 사려고 합니다. 굴의 주인인 에브론이 거절하며 그냥 장사지내라고 요청하는데도 아브라함은 돈을 지불하고 사려 합니다. 결국 에브론은 아브라함에게 막벨라 굴과 그 주변 밭과 나무 등을 은 사백 세겔의 값으로 제안했고 아브라함은 은 사백 세겔을 지불하고 그 땅을 구입한 후 그곳에서 사라를 장사지냈습니다. 뭔가 이상해 보입니다. 에브론이 베풀고자 했던 호의는 무엇이며, 아브라함이 엄청난 값을 지불하고 간절히 얻고자 했던 것은 무엇일까요? 아브라함은 여기서 "매장할 소유지"를 구하고 있었으나 (4절), 헷 족속은 아브라함에게 소유지를 제공할 마음은 없는 대신 매장할 장소만을 허락하는 것이었습니다. 한국의 매장 문화와 족장 시대의 매장 문화를 이해하지 않고서는 이해하기 어려운 부분일 수 있습니다. 당시 매장지는 가족 공동묘의 성격이 있었는데 사람이 죽으면 매장지에 준비된 선반 위에 시신을 올려두었다가 시간이 지나 유골만 남을 때 다시 그 뼈를 뒷편 납골함에 옮기게 됩니다. 그러면 그 선반은 또 다른 사람의 장례를 위해 사용되는 것이지요. 헷 족속과 에브론이 베풀었던 호의는 아브라함이 공동묘의 형식으로 장례를 치르도록 허락한 것이지만, 아브라함은 영원히 소유하는 구별된 장소로서 아내와 그 후손들을 하나로 연결해주는 가족 공동묘로 사용할 굴을 구했던 것입니다.

좀 더 깊이 살펴보면, 아브라함이 그 땅을 구입하기 위해 지불한 은 사백 세겔의 양을 우리가 잘 모르기 때문에 감이 없을 수 있습니다. 고대 화폐의 가치와 땅값을 확정하는 것은 시대마다 다르기 때문에 사실 정확히 환산하는 것은 불가능합니다. 비록 시기가 다르기는 하지만, 사무엘하 24장 24절에서 다윗이 아라우나의 타작 마당을 구입할 때 은 오십 세겔을 지불했음을 볼 때 은 사백 세겔은 상당히 비싼 값이라고 볼 수 있습니다. 당시 노동자가 일 년 연봉을 대략 은 10세겔이라고 본다면 은 사백 세겔은 노동자가 평생 일해도 얻기 어려울 정도로 어마어마한 금액이었음을 알 수 있습니다. 해석의 여지가 있지만, 에브론은 아브라함에게 땅을 팔지 않으려고 터무니없이 높은 값을 불렀을 수 있습니다. 어쩌면 그의 의도는 이 정도 값을 부르면 사지 않을 것이라는 기대가 있었을지도 모르겠습니다. 하지만 아브라함이 그 땅을 얼마나 간절히 원했는지가 여기서 분명히 드러납니다.

야곱의 품삯 (창 29:15-30)

야곱이 형을 피해 밧단아람에 있는 외삼촌 라반을 찾아 왔을 때 한 달 정도 지난 다음 라반은 야곱에게 고용 계약을 맺자고 말합니다. 본문은 단순히 "라반이 야곱에게 이르되 네가 비록 내 생질이나 어찌 그저 내 일을 하겠느냐 네 품삯을 어떻게 할지 내게 말하라 (창 29:15)"고 말하고 있지만, 실상은 한 달 동안 야곱에게 품삯도 주지 않고 일을 시켰다는 뜻으로 읽을 수 있습니다. 그 때 야곱이 이렇게 제안합니다. "야곱이 라헬을 더 사랑하므로 대답하되 내가 외삼촌의 작은 딸 라헬을 위하여 외삼촌에게 칠 년을 섬기리이다"라고 말합니다. 야곱은 라헬을 아내로 얻기 위해 칠 년을 섬기겠노라고 말합니다. 물론 칠 년 후 라반의 계략으로 라헬을 얻지 못하게 되자, 그녀를 얻기 위해 다시 칠 년을 섬기게 되었지요 (창29:30). 앞에서 언급한 것처럼, 당시 보통 노동자의 일 년 품삯이 약 은 십 세겔 정도 되었으므로 야곱은 일종의 결혼 지참금으로 두 아내를 위해 각각 칠십 세겔씩 지불한 셈입니다. 신명기 22장 29절에는 "그 동침한 남자는 그 처녀의 아버지에게 은 오십 세겔을 주고 그 처녀를 아내로 삼을 것이라 그가 그 처녀를 욕보였은즉 평생에 그를 버리지 못하리라"고 규정하고 있습니다. 이 율법은 남자가 처녀와 강제로 동침했을 경우 지불해야 하는 지참금입니다. 보통의 경우는 2-3년 정도 노동력을 뜻하는 20-30세겔 정도가 일반적이었을 것입니다 (Wenham, *Genesis 16-50*, 235). 그렇다면 라반이 야곱에게 칠 년 즉 약 칠십세겔의 결혼 지참금으로 계약을 맺었다는 말은 라반이 야곱을 거의 착취 수준으로 다루고 있음을 알 수 있습니다. 게다가 결혼 지참금은 아주 가난한 집안이 아닌 경우라면 결혼하는 딸이 혹시 만날지 모를 미래를 위해 (남편의 이른 죽음 등) 부모가 딸들을 위해 적립하는 것이 일반적이었는데, 라반은 전혀 그런 노력을 기울이지 않고 모든 돈을 착복했습니다 (창31:14-15절 참조). 이처럼 족장 시대 당시 결혼과 관련한 문화나 돈의 가치 등을 고려할 때 본문은 더 분명하고 생생하게 이해할 수 있습니다.

종교적 배경

사람의 생각과 행동은 자주 그가 가지고 있거나 시대가 공유하던 종교적인 관습과 관련있는 경우가 많습니다. 종교적인 언어라는 것이 종교에 대한 배경을 이해하지 못하면 알아듣지 못하는 예들이 많습니다. 교회 안에서는 지극히 당연하기 때문에 아무런 설명없이 사용하는 용어들이지만 교회 밖의 사람들은 종교적 배경에 대한 지식이 없기 때문에 전혀 이해하지 못하곤 합니다. 교회 학교에서 많이들 사용하는 용어 중에 "달란트 시장"이라는 것이 있습니다. 달란트 시장이 성경적인지, 교회 교육의 목표를 이룰 수 있는 좋은 수단인지는 토의가 필요합니다. 하지만 교회를 어느 정도 다녔거나 교회 학교를 경험한 사람들이라면 아무 설명없이 달란트 시장이라는 용어만 보아도 그것이 어떤 것인지 너무나 잘 압니다. 하지만, 교회 밖 사람들이 이런 말을 들었을 경우엔 도무지 이해하기 어려울 것입니다. 차제에 교회 안에서 성도들이 잘 아는 용어들을 비기독교인들도 잘 이해할 수 있는 용어로 전환하는 문제에 대해 연구해볼 필요가 있을 것입니다. 이와 같이 성경에서도 당시 사람들에게는 익숙했을 법한 종교적인 의식이나 물건, 용어 등이 그 시대에 대한 배경적 지식이 없는 현대인들에겐 이해하기 어려울 수 있습니다. 그러므로 성경 내러티브를 읽을 때 성경이 전제하고 있는, 당시의 종교적 배경을 이해하기 위해 노력하는 것이 필요합니다.

라헬, 드라빔을 훔치다

야곱이 가족들과 가축을 이끌고 삼촌 라반의 집에서 떠나는 과정은 매우 긴박했습니다. 20년이나 함께 생활했지만 서로 속고 속이는 시간의 반복이었기에 야곱은 삼촌 몰래 도망치듯 밧단아람을 빠져나와야 했습니다. 레아와 라헬을 들판으로 불러 고향 땅으로 돌아가자고 설득해서 곧 바로 도망했습니다. 그렇게 긴박한 와중에 라헬은 아버지의 드라빔을 도둑질해서 떠났습니다 (창31:19). 본문에 불쑥 드라빔이 소개되고 있지만 그것이 무엇인지에 대해서는 전혀 설명하지 않습니다.

어떻게 생겼는지, 얼마나 큰지, 어떤 기능을 하는 것인지 도무지 알 길이 없습니다. 라헬은 왜 드라빔이라는 것을 도둑질했을까요? 라반에게도 이것이 중요했던 것 같습니다. 그래서 긴박하게 열흘을 추격해 와서 드라빔의 존재를 찾고 있으니 말입니다. 30절에서 라반은 드라빔을 지칭하여 "내 신(들)"이라고 표현합니다. 드라빔이 종교적인 성격을 가지고 있음을 알 수 있는 대목입니다. 라헬이 드라빔을 숨기기 위해 말 안장에 숨겨두고 앉아 있었다는 대목에서 드라빔의 크기를 유추해 볼 수 있습니다 (34절). 물론 고고학적인 증거나 성경의 다른 부분을 통해서는 드라빔의 크기가 다양하다는 것도 알 수 있습니다 (삼상19:13, 19). 드라빔이 어떤 기능을 했는지에 대해서는 다양한 의견이 있지만, 대체로 가정의 수호신으로 간주되었던 것같습니다. 라헬은 갑작스럽게 먼 길을 떠나게 되면서 아버지의 집에 있던 드라빔을 훔쳐서 떠남으로 먼 여행길에서와 이후의 가정에서의 평안을 구했다고 볼 수 있습니다. 야곱의 가정에 깊숙하게 들어온 우상의 존재가 놀랐습니다. 아마 이 드라빔은 이후 야곱이 하나님의 명을 받아 벧엘로 다시 돌아갈 때 세겜 근처 상수리 나무 아래 모든 우상들을 묻을 때 함께 묻은 것으로 추정할 수 있습니다.

상수리나무

라반의 드라빔을 상수리나무 아래 묻었다고 했는데 여기서 두 번째 종교적 배경을 유추할 수 있습니다. 구약 성경에서 상수리나무는 종종 언급됩니다. 아브람이 가나안 땅으로 들어와 정착한 초기 장소 중의 하나가 세겜 땅 모레 상수리나무였고, 거기서 하나님께서 그에게 나타나셔서 약속의 말씀을 주셨습니다. 그리고 아브람은 그곳에서 제단을 쌓았습니다 (창12:6-7). 가나안 땅에 대한 약속의 말씀을 주셨을 때 아브람은 헤브론에 있는 마므레 상수리수풀에 정착하며 제단을 쌓았습니다 (창13:18). 하나님께서는 소돔과 고모라를 멸하시기 전 마므레의 상수리나무들이 있는 곳에서 아브라함에게 나타나셨습니다 (창18:1). 야곱은 벧엘로 올라가기 전에 세겜 근처 상수리나무 아래에 모든 우상들과 관련 물품들을 묻었습니다 (창35:4). 그리고 리브가의 유모 드보라가 죽었을 때 야곱은 그녀를 벧엘 아래에 있는 상수리나무 밑에 장사했습니다 (창35:8). 여호수아가 정복 전쟁을 마무리하고 세겜에서 언약을 맺은 이후 하나님의 율법책을 기록한 후 큰 돌을 가지고 상수리나무 아래에 세웁니다. 그곳은 여호와의 성소가 있는 곳이었습니다 (수24:26). 아비멜렉이 세겜 사람들과 작당하여 아버지 기드온의 형제들을 모두 죽인 후 세겜에 있는 상수리나무 기둥 곁에서 왕이 되었습니다 (삿9:6). 마지막으로 다윗에게 반란을 일으켰던 압살롬이 마지막 전투에서 죽게 되는 과정입니다. 압살롬이 전쟁에서 패해 도망칠 때 노새를 타고 큰 상수리나무 아래로 지나던 중 그의 머리가 상수리나무에 걸려서 나무에 매달리게 되었습니다. 그때 요압이 나무에 달려 있는 압살롬을 죽였지요 (삼하18:9-15). 이런 사례들에서 느낄 수 있듯이 상수리나무는 당시 사람들에게 종교적으로 신성한 곳 중의 하나로 간주되었습니다. 그래서 이스라엘 백성들의 영적 타락을 강조하며 북이스라엘의 멸망 이유를 설명할 때 "모든 산 위에와 모든 푸른 나무 아래에 목상과 아세라 상을 세웠다"고 말씀합니다 (왕하17:10). 에스겔 6장 13절에서도 모든 푸른 나무 아래는 우상 숭배하며 분향하던 곳으로 언급되기도 합니다 (대하28:4 참조).

이런 배경을 이해하면서 성경 내러티브를 읽으면 본문이 약간은 더 다르게 다가올 수 있습니다. 창세기 18장에서 아브라함이 상수리나무 아래에서 만난 세 사람에게 보인 반응이 과연 단순히 모르는 손님을 대접하는 자세였을까요? 백 세가 된 아브라함이 "달려가서" 몸을 땅에 굽혀 영접하고, 또한 급히 장막으로 가서 구십 세가 된 아내에게 떡을 구우라고 하며, 자신이 직접 달려가서 송아지를 잡았다는 것이 이상하지 않습니까? 상수리나무가 가지는 종교적 의미를 인식하며 읽으면 아브라함이 상수리나무 아래에서 만난 세 사람을 단순히 지나가는 객으로만 생각지 않았음을 느끼게 됩니다. 성경에서 상수리나무 아래에서 왕을 세우고, 죽은 이들을 매장하고, 우상들을 묻어 버리는 등의 행위들은 모두 당시 사람들에게는 종교적인 의미를 가졌다고 볼 수 있습니다. 마지막으로 언급했던 압살롬이 상수리나무에서 죽었다는 내러티브는 독자들에게 그가 나무에 달린 자로서 저주를 받은 것이기도 하지만 (신21:23), 또한 상수리나무 아래에서 죽음으로 하나님의 심판을 받았음을 상징적으로 그려주는 장치라고도 볼 수 있습니다.

이 장에서 우리는 성경 내러티브를 이해하는데 있어 성경 본문 안에 반영되어 있는 문화, 역사, 지리, 종교적 배경 등을 아는 것이 얼마나 중요한지에 대해서 나눴습니다. 굳이 전문가가 되지 않더라도 성경 배경사전 등의 도움을 얻는 것도 좋을 것입니다. 이제 다음 장에서는 성경 내러티브 외부의 배경, 즉 문맥에 대한 내러티브를 좀 더 살펴보겠습니다.

012

외적 배경 이해하기

012

외적 배경 이해하기

성경을 이해하는데 있어서 문맥의 중요성은 아무리 강조해도 부족하지 않습니다. 한 단어나 표현의 의미를 결정할 때 우리는 반드시 그 단어나 표현이 사용된 문맥을 함께 살펴봐야 합니다. "내가 쏠게"라는 아주 간단한 표현을 예로 들어 봅시다. 이 표현만으로는 그것이 무엇을 의미하는지 정확히 파악하는 것이 어렵습니다. 단어의 의미는 단어 자체보다는 오히려 문맥이 결정하기 때문입니다. 문맥의 옷을 입혀보면 의미는 분명해 집니다. 등장인물이 이 표현을 한 배경이 식당이라면 그것은 분명 자신이 식사비를 계산하겠다는 뜻이 됩니다. 그러나 그 배경이 실탄 사격장이었다면 이 표현의 의미는 의심할 여지없이 총을 쏜다는 뜻입니다. 이런 이유 때문에 학계에서는 단어의 의미를 어원을 통해 찾으려 할 때의 문제점을 인지하고 의미는 문맥 속에서 결정된다는 사실을 천명한지가 오래되었습니다.

성경을 읽을 때도 마찬가지입니다. 단어의 의미를 결정할 때 그 단어가 사용된 문맥을 잘 이해해야 합니다. 아브라함의 아들 이삭의 이름은 "웃다"라는 뜻이 있습니다. 이는 창세기 17장 17절과 18장 12절에서 각각 나타납니다. 후사를 주시겠다는 하나님의 약속을 들었을 때 아브라함과 사라는 각각 속으로 웃으면서 그들의 불신앙을 드러냈습니다. 하지만 다음 문맥에서는 같은 단어가 전혀 다른 의미를 가집니다.

> 창21:9 사라가 본즉 아브라함의 아들 애굽 여인 하갈의 아들이 이삭을 **놀리는지라**
>
> 창26:8 이삭이 오래 거주하였더니 이삭이 그 아내 리브가를 **껴안은** 것을 블레셋 왕 아비멜렉이 창으로 내다본지라

창세기 21장 9절에서 이 단어는 이스마엘이 이삭을 놀렸다고 표현할 때 사용되었고, 창세기 26장 8절에서는 이삭이 아내 리브가를 껴안은 장면에서 사용되었습니다. 이스마엘이 어떻게 이삭을 놀렸는지에 대해서 의논이 필요하지만, 단순히 웃음의 의미를 가지지 않은 것이 분명합니다. 게다가 두 번째 예에서는 이삭이 리브가와 성적인 접촉을 연상케 하는 어떤 행위를 하였다고 표현할 때 동일한 단어를 사용했습니다. 동일한 단어가 문맥에 따라 웃음, 희롱, 혹은 애무 등의 의미로 바뀌고 있음을 봅니다. 그러니 문맥을 떠나 단어의 의미를 찾는 것은 때론 중대한 해석적 오류에 빠지게 합니다.

단어의 의미뿐만 아니라 내러티브 자체도 마찬가지입니다. 내러티브 자체는 그 분량의 길고 짧음과 관계없이 하나의 완전한 단위로서 역할합니다. 하지만 우리는 각각의 내러티브 단위가 성경의 거대한 문맥 안에 있으며, 저자가 전략적으로 특정한 문맥 안에 내러티브를 두었음을 반드시 인식해야 합니다. 내러티브에 있어서도 문맥은 내러티브 자체의 외적인 배경을 형성하고 있으며, 내러티브 자체의 의미와 강조

점을 결정하는데 실질적인 역할을 합니다. 앞서 제6장에서 전형 장면을 다룰 때 창세기에 세 번 등장하는 아내/여동생 내러티브 (창12:10-13:1; 20:1-18; 26:1-11)가 문맥에 따라 어떻게 다른 강조점을 가지는지 말씀드렸습니다. 여기서는 창세기 내러티브 중에 몇 가지를 예로 들어 보겠습니다.

이스마엘의 출생 (창16:1-16)

창세기 16장은 아브람이 가나안 땅으로 들어온지 10년 정도 지난 때의 일입니다. 10년이라는 긴 시간이 지난 이후 아브람은 사라의 요청을 받아들여 애굽 여인 하갈을 첩으로 들였고, 하갈을 통해 아브람의 첫째 아들 이스마엘이 출생합니다. 보통 이 내러티브를 읽을 때 독자는 아브람이 10년을 기다리긴 했지만, 하나님의 약속을 더 신뢰하며 기다려야 했고 아브람과 사래의 믿음이 약해져서 범죄했다고 생각합니다. 아브람과 사라의 선택은 당연히 옳지 않았습니다. 하지만 과연 아브람과 사래가 자신들에게 자녀를 주시겠다는 하나님의 약속을 신뢰하지 못한 것일까요? 이에 대해선 앞선 장에서 이미 다루었습니다. 창세기 15장과 17장의 언약이라는 문맥 안에서 이 본문을 이해해야 그것이 단순한 불신앙의 문제가 아니라는 점을 알 수 있습니다. 여기서는 한 걸음 더 나아가 아브라함 내러티브 전체 구조와 문맥에서 다시 살펴 보겠습니다. 아브라함 내러티브는 구조적으로 훌륭한 대칭을 이루고 있습니다. 아래 도표가 이를 보여줍니다.

창 12장 (1-9)　　떠나라는 부르심과 순종

창 12장 (10-13:1)　　아내/여동생 내러티브 (애굽)

창 13-14장　　롯 내러티브

창 15장　　언약 (1) - 횃불

창 16장	이스마엘의 출생
창 17장	언약 (2) - 할례
창 18-19장	롯 내러티브
창 20장	아내/여동생 내러티브 (그랄)
창 21장	이삭의 출생
창22장	이삭을 바치라는 부르심과 순종

　　위 도표 중심에 이스마엘의 출생 내러티브가 있다는 사실이 놀랍습니다. 아브라함 내러티브의 중심 질문은 '과연 아브라함의 후손은 누구인가?' 라는데 있는데 구조적인 중심에 이스마엘의 출생을 둠으로 독자들에게 과연 이스마엘이 하나님이 약속하신 그 후손인가? 라는 질문을 던지고 있을 뿐만 아니라 그 긴장 관계를 극대화하고 있다는 사실을 알 수 있습니다. 적어도 아브라함은 이스마엘이 약속의 씨라는 사실을 굳게 믿고 있었기 때문입니다 (창17:18 참조). 그러므로 창세기 16장은 그 자체로 하나의 완성된 내러티브로 역할하고 있지만, 그 문맥과 창세기의 구조적 특징 안에서 이해할 때 보다 더 중요한 역할을 하고 있음을 봅니다.

유다와 다말 내러티브 (창38:1-30)

　　창세기 38장은 유다가 아버지 야곱의 집을 떠나 가나안 땅에서 가정을 이루며 지낸 내러티브를 담고 있습니다. 당연히 38장이니 37장과 39장 사이에 위치하고 있지요. 문제는 얼핏보기에도 창세기 38장이 인접한 문맥에 전혀 어울리지 않는 것처럼 보인다는 사실입니다. 게다가 창세기 37장 36절은 정확하게 창세기 39장 1절에 연결됩니다. 창세기 38장은 괄호 안에 넣어서 빼버려도 전체 흐름에 크게 영향을 주지 않는 것처럼 보입니다. 요셉에 초점을 맞추고 읽어가다 보면 38장은 걸림돌입니다. 그래서 어떤 창세기 주석에서는 38장은 그냥 불필요하게 삽입된 내러티브로 보기 때문에 주석을 아예 하지 않기도 합니다. 하지만 저자가 창세기 38장을 현재의 자리에 위치시킨 이유가 있지 않을까요? 서로 연결된 메시지가 존재하지는 않을까요? 우선 창세기 37장에서 50장까지를 단순히 요셉 내러티브라고만 생각하는데서부터 문제가 발생합니다. 보다 정확히 말하면 이 거대 단락의 제목은 "야곱의 톨레도트", 즉 야곱의 아들들 혹은 야곱의 가족사입니다 (창37:2). 그러니 우선 요셉 내러티브에서 왜 유다 내러티브가 끼어들어 있지? 라는 질문 자체가 성립되지 않습니다. 단순히 요셉 내러티브로만 보면 창세기 38장뿐만 아니라 44장, 46장, 그리고 49장 등도 흐름에서 벗어나는 것처럼 보입니다. 거기서도 유다의 역할을 아주 중요하게 다루기 때문이지요. 창세기의 저자는 창세기 37-39장에서 야곱의 자녀들 중 두 사람에게 초점을 맞추고 있습니다. 요셉과 유다가 그 두 사람인데 이들은 창세기 후반부에서 무척 중요한 역할을 할 인물입니다. 나아가 이들의 지파 역시 이후 이스라엘 역사를 이끌어가는 주요한 지파가 됩니다. 따라서 창세기 37장이 가나안 땅에 있는 야곱의 가족들 내러티브로 시작했다면, 38장은 아버지의 집을 떠나 가나안 땅으로 내려간 유다 내러티브이고, 39장은 아버지의 집을 떠나 애굽으로 내려간 요셉 내러티브인 셈입니다. 그러므로 창세기 37-39장은 사용된 언어나 주제 등에 있어서 중요한 연속성을 가지고 있고, 저자는 독자인 우리들이 그러한 연속된 흐름을 인지하면서 내러티브들을 읽어가기를 바라고 있는 것입니다. 창세기 38장에서 유다와 유다의 자녀들이 보여주는 성적 타락은 곧 이어지는 창세기 39장에서 요셉이 보여주는 신앙적 결단과 비교가 됩니다. 창세기 37장에서 요셉을 팔아넘긴 이후 그의 채색옷에 염소피를 발라 아버지에게 가져왔던 모습은 다말이 유다에게 유다의 주민등록증과 같은 담보물을 가져온 모습에서 정확히 연결됩니다. 요셉에게 채색옷을 입힌 야곱과 달리 요셉의 옷을 벗긴 보디발의 아내 모습도 주제 면에서 서로 연결된다고 하겠습니다.

　　무엇보다 창세기 37-38장에 등장하는 유다의 모습은 대단히 세속적이고 돈밖에 모르는 사람처럼 보입니다. 하지만, 그는 41장 이후 그리고 44장에서 변화된 모습으로 다시 등장합니다. 여기서 유다는 창세기에서 가장 위대하고도 긴 연설을 하여 요셉이 마음을 바꾸는데 결정적인 계기를 마련합니다. 후일 유다는 49장에 이르러 메시야의 축복을 받는 사람이 됩니다. 야곱은 임종을 앞두고 자녀들에게 축복할 때 유다와 요셉 두 사람에게 거의 동등한 복을 내립니다. 도대체 유다는 어떻게 이렇듯 다른 역할을 할 수 있었을까요? 바로 이 질문에 대해 창세기 38장이 답하고 있는 것입니다. 창세기 38장은 그 자체로서 하나의 온전한 내러티브를 형성하지만, 문맥 안에서 함께 읽을 때 38장의 의미는 훨씬 더 중요해 집니다.

　　여기까지 성경 내러티브에서 근접 문맥의 중요성을 다루었다면, 성경에서는 종종 보다 먼 문맥이 내러티브 해석에 영향을 주는 경우들도 있습니다. 실상 한 본문의 의미는 단순히 단어나 문장의 의미를 넘어 서기도 하고, 하나의 내러티브가 거기서 국한되지 않고 책 전체를 통하여 의미를 제공하기도 합니다. 마찬가지로 어떤 내러티브는 성경 각 권을 넘어 성경 전체의 흐름 아래 혹은 보다 더 먼 문맥 안에서 의미가 발견되기도 합니다. 유사한 내러티브와 인물의 역할 등은 시간을 지나 역사 속에서 다시 반복되거나 되풀이 되기 때문입니다. 그러므로 독자는 한 본문을 읽을 때 저자가 이른 시기의 어떤 본문을 사용하고 있다면 (단어, 이미지, 장면 등) 저자가 어떻게, 왜 그러한 본문을 사용하고 있는지에 대해서 반드시 질문해야만 합니다.

레위인과 첩 내러티브 (삿19:1-30)

사사 시대의 역사적, 종교적 타락상을 보여주는 사사기 17-21장 내러티브는 그 시대가 하나님 앞에서 얼마나 멀어져 있었는지를 단적으로 보여줍니다. 그 중 사사기 19장에서 보여준 레위인의 처신은 사뭇 충격적이기까지 합니다. 에브라임 산지에 살던 한 레위인이 화가 나 처가집으로 떠나버린 첩을 데리러 베들레헴으로 가서 그 첩을 데리고 오던 중에 일어났던 내러티브입니다. 첩장인과 술을 마시느라 출발이 늦어졌던 관계로 목적지에 도착하지 못한 그들은 이방 땅이 아니라 이스라엘 땅인 기브아에 유숙하기로 했습니다. 그곳에서 동향 사람인 한 노인의 영접을 받았고 그 밤을 지내는 동안 끔찍한 일이 일어났습니다. 기브아 성읍의 불량배들이 노인을 찾아와 말합니다. "네 집에 들어온 사람을 끌어내라 우리가 그와 관계하리라" 그러자 노인이 극구 만류하면서 다음과 같이 대안을 제시합니다. "내 형제들아 청하노니 이같은 악행을 저지르지 말라 이 사람이 내 집에 들어왔으니 이런 망령된 일을 행하지 말라 보라 여기 내 처녀 딸과 이 사람의 첩이 있은즉 내가 그들을 끌어내리니 너희가 그들을 욕보이든지 너희 눈에 좋은 대로 행하되 오직 이 사람에게는 이런 망령된 일을 행하지 말라" 이후 도저히 있어서는 안될 일들이 그 밤에 일어났습니다. 그런데 이 내러티브를 읽을 때면 익숙한 과거의 한 내러티브가 떠오를 것입니다. 그것은 바로 창세기 19장의 소돔성 내러티브입니다. 여기 사사기 19장에서 노인은 기브아 사람이 아닌데, 이는 소돔 땅에 들어가 있었던 롯의 역할과 같습니다. 롯이 두 딸을 내어주려 했던 것처럼 이 노인과 레위인은 노인의 딸과 자신의 첩을 무리에게 내어주려고 했고, 레위인은 자신의 첩을 실제로 무리들에게 내어 줍니다. 사사기 19장은 확실히 창세기 19장의 장면들을 사용하고 있습니다. 기브아의 죄악이 오히려 소돔의 죄악보다 더 중하다는 사실은 명시적으로 말하지 않으면서 소돔 내러티브에 등장한 장면들을 가져와서 사용하고 있는 셈이지요. 소돔은 멸망받아 마땅했었는데, 사사기 19장에 나타난 레위인과 노인, 그리고 기브아의 불량배에 이르기까지 그들의 죄악은 실제 소돔보다 더 악했습니다. 그들의 멸망의 정당성을 소돔 성 멸망이라는 오래전 내러티브를 가져와서 적용한 것이지요.

엘가나, 한나, 그리고 브닌나 (삼상1:1-18)

사무엘의 어머니 한나 내러티브는 어느 정도 신앙생활을 한 사람들이라면 한 번쯤은 들어 보았을 내러티브입니다. 내러티브 자체에 대한 분석은 미뤄두고 여기서는 본문 이해에 문맥이 주는 영향에 대해 알아보겠습니다. 우선 근접 문맥이 본문에 미치는 영향이 있습니다. 사사기 17-21장까지 전개된 입에 담지 못할 만큼 심각했던 이스라엘의 죄악은 공통된 흐름이 있었습니다. 첫째, 사사기 17-18장은 에브라임 산지에 살던 미가의 내러티브로부터 시작했습니다 (17:1). 이 내러티브에 긴장을 던져준 사람이 바로 베들레헴 집을 떠나 떠돌던 레위인입니다 (17:7-8). 둘째, 사사기 19-21장 내러티브의 시작은 에브라임 산지에 거류하는 레위인이 베들레헴에 있는 첩의 집에 다녀오면서 생긴 내러티브입니다 (19:1). 두 내러티브는 장소적 배경을 공유합니다.

에브라임 산지 미가 – 베들레헴 레위인
에브라임 산지 레위인 – 베들레헴 첩

이렇게 사사기의 마지막 장소적 배경에 관심을 기울였다면, 사무엘상 1장을 펼치는 순간 긴장하는 것이 당연합니다. 사무엘서를 여는 첫 번째 이야기가 바로 에브라임 산지에서 일어난 사건이기 때문입니다. 앞선 단락에서 에브라임 산지에서 끔찍한 사고가 났었기 때문에 엘가나가 과연 이전의 전철을 밟을 것인지, 아니면 사사기를 극복하게 될 것인지 주목해야 하는 것이지요. 근접 문맥은 단순히 에브라임 산지 엘가나의 집안 문제로만 사무엘상 1장을 이해하기 보다는 사사 시대를 마치고, 사사 시대를 극복하는 내러티브라는 사실을 강조합니다.

　　여기에 더해 사무엘상 1장은 보다 더 넓은 문맥 안에서 읽어가야 합니다. 소위 말하는 전형 장면이 두 가지 형태로 나타나기 때문입니다. 첫째는 한나의 불임 모티브가 들어 있습니다. 성경의 위대한 어머니는 불임인 경우가 많았지요. 아브라함의 아내 사라가 그랬고, 이삭의 아내 리브가, 그리고 야곱의 아내 라헬 모두 불임 모티브를 가지고 있습니다. 한나 역시 그러하지요. 엘가나는 한나가 불임이었기에 브닌나를 첩으로 들입니다. 도덕적인 관점보다는 당시 사람들의 관점으로 본다면 어쩌면 당연한 일이었을 것입니다. 그런데 여기서 불임인 아내와 출산하는 첩, 그리고 아내와 첩 사이의 불화 등의 모티브는 창세기 16장과 21장에 공통으로 등장하는 모티브입니다. 전형 장면의 관점에서 본다면, 창세기 16장, 21장, 그리고 사무엘상 1장의 갈등과 해결은 서로 연결되어 있다는 뜻입니다. 세 내러티브를 한 테이블에 올려두고 장면의 반복과 메시지의 발전 등을 같이 살펴볼 필요가 있다는 뜻입니다. 새 시대를 여는 시점에 한나는 사라가 밟았던 전철들을 그대로 답습할까요? 아니면 극복할까요? 사무엘상 1장은 아브라함이나 사라, 혹은 하갈을 전혀 언급조차 하지 않지만, 독자는 그들을 머릿속에 떠올리며 본문을 읽어가게 되는 것입니다. 창세기와 사무엘서 사이에는 엄청난 시간적 공간적 거리가 있지만 두 책은 성경 전체의 거대한 목적에 부합되게 함께 역할하고 있습니다. 이와 같은 예는 성경 안에서 무수하게 발견할 수 있습니다. 한 예로 요한계시록의 마지막 장면은 창세기의 창조 내러티브를 빼 놓고는 결코 이해할 수 없음을 우리는 잘 알고 있습니다. 신약 성경이 구약성경을 어떻게 사용하고 있는지는 이미 상당히 많은 연구가 진행되고 있지만 아직도 많은 부분에서 연구가 더 필요합니다. 이렇게 성경은 다차원적으로 서로 얽히고설켜 단순히 하나의 내러티브가 던지는 의미를 넘어 성경 전체의 포괄적인 신학적 메시지를 함께 전하고 있음을 알아야 합니다.

013

구약 내러티브를 그리스도 중심적으로 선포하기

013

구약 내러티브를 그리스도 중심적으로 선포하기

　　구약의 내러티브 장르는 구약성경의 다른 장르들에 비하면 그나마 강단에서 좀 더 자주 선포되는 편입니다. 하지만 현대 그리스도인들에게 구약의 내러티브가 원래의 의도와 목적대로 충실하게 전달되고 있는지 의문이 듭니다. 성경 저자가 내러티브 장르를 통해 전달하고자 하는 의도는 물론, 그 본문으로 그리스도 중심적으로 설교할 때도 다소간의 오해와 왜곡이 있는 것이 현실입니다.

　　첫째, 성경은 내러티브라는 도구를 통해 메시지를 전달했는데 이를 전달하는 사람은 딱딱한 법전을 다루듯이 내러티브의 특징을 무시한 채 전하는 것이 일반적인 실수입니다.

　　둘째, 구약의 내러티브를 다룰 때 저자가 전달하고자 하는 중심 주제에 도달하기 보다는 지엽적인 부분이나, 인물에만 지나치게 치중해서 내러티브 전체의 의미를 제대로 전달하지 못하는 경우도 있습니다. 특정한 부분만 취사 선택해서 하나의 주제 설교처럼 전달함으로 내러티브 전체가 전달하는 아름다움을 제대로 드러내지 못하는 경우입니다. 성경 내러티브의 핵심은 하나님께서 어떤 분이시며, 그분이 우리를 위해 무엇을 하시는가에 있습니다. 그런데 우리는 너무 쉽게 하나님이 아니라, 인간 등장인물에 너무 빨리 초점을 맞추는 경향이 있습니다. 소위 도덕 설교나 모범 설교가 여기에 해당됩니다. 내러티브에서 사람의 역할이 존재하고, 그들의 삶과 신앙에서 우리가 배워야 할 점들이 분명 존재합니다. 그런 점들을 잘 찾아서 설교하는 것은 무리가 아닙니다. 하지만 우리는 성경 이야기가 등장인물의 미덕을 칭찬하거나 그들이 범한 죄악에 대해 경고하는 것에만 초점을 맞춰서는 안됩니다. 메시지가 그렇게만 전달되면 하나님의 성품, 하나님의 위대한 구원 계획이 제대로 강조되지 않을 것이기 때문입니다.

셋째, 우리는 그리스도 중심적 혹은 구속사적인 설교를 해야 한다는 생각은 하지만 정작, 그리스도 중심적 설교가 무엇을 의미하는지에 대한 이해가 부족합니다. 구약 내러티브에서 그리스도를 전하기 위해 일반적으로 범하는 실수는 구약 내러티브에서 그리스도를 직접적으로 예표하는 모범을 찾는다는 것입니다. 이들은 그리스도의 십자가의 죽으심과 부활에 대한 메시지를 전해야 그리스도를 전한 것이라고 생각합니다. 예를 들면, 타락한 아담과 하와를 에덴 동산에서 쫓아 내실 때 하나님께서 그들에게 가죽옷을 지어 입히신 장면을 보면서, 그 가죽옷은 예수님의 보혈과 희생을 의미한다고 주장합니다. 가죽옷을 입히시려면 하나님께서 어떤 짐승을 잡으셔야 했고 피를 흘렸을 것이라는 추론에 근거한 것으로 보입니다만, 과연 본문에서 그리스도의 보혈과 죽으심을 찾아낼 수 있을지는 의문입니다. 또한 여리고성이 무너질 때 라합이 창문으로 내렸던 붉은 천이 그리스도의 보혈을 상징한다고 주장하는 것은 주해 과정 없이 너무 단순하게 그리스도께 대입한 결과입니다. 이렇게 하는 것을 구속사적 설교 혹은 구약에서 그리스도를 설교하는 것으로 생각한다면, 우선 구속사 자체를 적절하게 이해하지 못한 것으로 보입니다. 본문의 문맥과 의미에 대한 충분한 고려없이 직접적으로 그리스도께 대입하듯이 구약의 내러티브를 사용하는 것은 자칫 본문의 의도를 왜곡할 우려가 있습니다.

넷째, 위의 오류들이 가져오는 또 다른 실수는 성급한 일반화의 오류입니다. 성경 내러티브를 하나님 중심적으로 읽지 않고, 사람에 초점을 맞추고 그들의 신앙과 삶에만 관심을 기울이기 시작할 때 메시지의 결론 역시 값싼 메시지로 전락할 수 있습니다. 창세기 32장 22-32절에 등장하는 야곱의 얍복강 내러티브를 보며, 야곱이 어떻게 했는지에만 초점을 맞추고 성급하게 일반화시키면, 메시지의 결론은 야곱처럼 끝까지 매달리면 하나님께서 축복하실 것이라고 매듭짓기 십상입니다. 누구처럼 기도하면 복을 받는다! 누구처럼 실패하면 심판이 온다! 등의 메시지가 본문의 의도를 꽤 자주 곡해하게 만드는 것은 부인할 수 없는 사실입니다.

마지막으로, 성경 내러티브를 전달할 때 지나치게 영해에 집착하는 경우들이 있습니다. 본문 속에 어떤 영적인 의미가 숨겨져 있다고 생각하면서 영적인 의미를 본문에 대입시킵니다. 가령 어떤 이들은 기드온의 전쟁 내러티브를 보면서 기드온의 횃불은 하나님의 능력을 상징하고, 담아 두었던 항아리는 그 능력을 가로막는 자아를 나타낸다고 주장합니다. 결국 자신의 자아를 깨뜨려야 진정한 하나님의 능력을 맛볼 수 있다는 식의 결론을 내립니다. 꽤 오래된 성경 해석 방법론 중 하나고, 오늘날에도 많은 사람들이 이런 방법을 사용하고 있지만, 성경에 숨겨진 의미를 찾는다는 측면에서 볼 때 상당히 위험한 접근입니다. 실제 기드온 내러티브에서 이런 소품들은 미디안의 군사들을 물리친 것이 기드온과 이스라엘 백성들의 칼이나 능력이 아니라, 전적으로 하나님께서 행하신 일임을 강조하기 위한 수단으로 사용될 뿐입니다. 하나님은 훈련받지 못한 삼백 명의 오합지졸과 항아리나 횃불 따위를 사용해서도 능히 미디안의 대군을 물리치실 수 있다는 사실을 선언하는 것이지요.

구약 내러티브 설교하기

구약성경이 예수 그리스도에 대해 증거한다는 사실은 명백합니다. 누가복음 24장 44절에서 예수께서 직접 이렇게 말씀하셨습니다.

> 내가 너희와 함께 있을 때에 너희에게 말한바 곧 모세의 율법과 선지자의 글과 시편에 나를 가리켜 기록된 모든 것이 이루어져야 하리라 한 말이 이것이라

여기 언급된 모세의 율법, 선지자의 글, 그리고 시편은 구약성경을 세 등분해서 나눈 것이니 결국 예수님은 구약성경 전체가 당신을 가리키고 있다고 말씀하신 것입니다. 그러니 구약에서 그리스도를 설교하는 것은 중요한 일이고 마땅히 해야 할 일입니다. 그렇다 할지라도, 과연 구약의 모든 본문에서 그리스도를 직접적으로 언급하거나 연결시켜야 할까요? 구약 본문에서 그리스도의 보혈과 죽으심, 부활을 직접적으로 선포하지 않는다고 그리스도가 빠진 설교일까요? 그렇지 않습니다. 하나님께서 행하신 모든 일들을 신약의 조명 아래 새롭게 재해석하고 신약의 성도들에게 적용하는 것 역시 그리스도 중심적인 설교라 할 수 있습니다.

여기서 중요한 것은 신약적 재해석이라는 것이 구약 본문의 원래 의도를 훼손해도 된다는 뜻은 아니라는 사실입니다. 구약의 말씀은

우리를 위해 기록된 것은 맞지만, 엄밀하게 말하자면, 우리에게 주어진 말씀은 아닙니다. 구약 백성들에게 주어진 말씀입니다. 이 사실을 인정하는 것이 대단히 중요합니다. 구약의 말씀은 구약 백성들에게 주어졌기에, 그들이 듣고 읽고 묵상하고 이해하는데 도움이 되도록 그 시대에 맞는 옷을 입고 있습니다. 그들의 문화, 종교, 언어, 역사, 그리고 지리적 배경을 전제하고 본문을 이해해야 한다는 뜻입니다. 그들에게 적실한 메시지를 찾아낼 때 비로소 우리에게 적실한 메시지를 찾아 적용할 수 있습니다.

따라서 구약 내러티브를 읽을 때 당시 그 내러티브가 무엇을 의미했는지를 찾는 일이 가장 중요합니다. 그들의 언어, 역사, 문화적 배경 등에 정통하기 위해 노력해야 한다는 뜻입니다. 흔히 범하는 실수가 있습니다. 우리는 그들의 문화를 찾아내기 전에 너무 빨리 우리가 가진 문화의 옷을 성경에 덧입히는 경향이 있습니다. 오늘날 우리가 가지고 있는 문화의 옷을 성경에 섣불리 대입하면 안됩니다. 창세기 24장에서 리브가가 우물물을 길어서 아브라함의 노종과 낙타들에게까지 물을 마시게 했다는 내러티브를 읽을 때 리브가가 길었던 우물이 한국에 존재했던 것과 같은 우물로 생각하고 넘어가기 쉽습니다. 그들의 문화와 우리 문화가 다르다는 점을 이해하지 못했기 때문입니다. 당시 우물은 우리가 생각하듯 두레박을 내려서 물을 뜨기 보다는 좁은 입구를 따라 계단을 타고 내려가서 물을 떠서 올라와야 하는 구조였기 때문에 리브가가 얼마나 수고를 많이 했을지 더 생생하게 느낄 수 있습니다.

창세기 1-2장을 읽으면서 어쩌면 성경 속 독자들은 평생 단 한번도 마음에 품지 않았을 의문을 가집니다. 도대체 창세기 1장이 말하는 "날"은 어느 정도의 길이일까? 24시간을 의미할까? 아니면 장구한 세월을 뜻할까? 이런 질문은 21세기 독자들의 질문이지 창세기의 원래 독자들의 질문은 아닙니다. 성경 저자가 하나님 말씀의 중심 주제에 당시의 옷을 입혔기에 우리는 그 시대 사람들이 이해하고 있던 문화의 옷을 알아내기 위해 노력해야 합니다. 이를 위해 도움이 될 만한 책들을 꾸준히 읽고 그들이 속한 사회에 대한 지식의 깊이를 더해 가야 합니다. 그렇게 할 때 그 가운데 변하지 않는 하나님의 진리라는 중심 주제를 찾아낼 수 있습니다. 본문에 대한 바른 주해를 통해 저자가 무엇을 전하고자 했는지를 알아내는 것이 가장 중요하다는 뜻입니다.

특별히 이 책은 구약 내러티브에서 하나님께서 전하고자 하신 진리를 찾아내는 길을 제시하고 있습니다. 내러티브는 내러티브로 읽어야 합니다. 법전처럼 정답을 던져두지 않고 내러티브를 서술하고 있다는 점을 기억해야 합니다. 내러티브가 흘러가는 대로 자신을 본문에 맡기고 그 흐름을 따라 읽고, 내러티브가 구성되어 있는 흐름 가운데서 본문을 이해하려는 노력이 필요합니다. 그러기 위해서는 먼저 본문을 문법적, 문예적으로 읽어야 합니다. 하나님은 진리의 말씀을 언어에 담아 두셨습니다. 그 말은 당신의 뜻을 전달하시되 히브리어 문법과 구문의 특징과 방법들을 사용하셨다는 뜻입니다. 하나님의 뜻은 기록된 언어의 범주 안에 담겨 있기 때문에 가장 우선적으로는 성경 내러티브를 하나의 기록된 문서로 읽는 것이 중요합니다. 문법적인 관계를 보면서, 주어, 동사와 목적어를 찾고 문법적 기능에 대해 질문하는 것이 필요합니다. 이것이 성경 해석의 가장 기본되는 출발점입니다. 본문의 언어적 측면을 무시하고 다른 해석을 하는 것은 결코 바람직하지 않습니다. 구조적 특징이나, 기법, 이미지 등이 어떻게 본문에서 사용되는지 질문해야 합니다. 본문의 구조를 파악하는 것도 큰 틀에서 중요합니다. 소위 말하는 기승전결이지요. 내러티브의 발단이 어떠한지, 어떤 배경 지식을 먼저 전달하는지, 본문의 등장인물은 누구며, 주인공과 대적자는 누구인지 이해해야 합니다. 화자 (narrator)는 본문에서 어떤 역할을 하고 있는지 질문하고, 더 넓게는 본문의 내러티브가 속한 문맥은 어떤지도 꼼꼼히 살펴야 합니다. 이 모든 것들을 유기적으로 연결할 때 훨씬 더 분명한 메시지가 드러날 것이며, 그 메시지가 얼마나 효과적이고 아름답게 포장되어 있는지도 알게 될 것입니다.

선포하기

중심 주제에 성경 저자가 당시 문화의 옷을 입혔다는 사실을 인식하게 될 때 우리는 그 다음 단계로 나아갈 수 있습니다. 그것은 바로 저자가 입혔던 문화의 옷을 벗기는 일입니다. 이것은 전달의 문제입니다. 몇 가지 가능한 전달 방식이 있을 수 있습니다.

첫째, 내러티브를 설교하는 것은 단순한 주제 설교와는 다른 측면이 있습니다. 하나님께서 중심 메시지를 내러티브라는 자루에 담아 두셨기에 어떤 면에서 오늘날의 독자들에게도 내러티브라는 자루에 담아 전달하는 것이 필요합니다. 항상 그래야만 하는 것은 아니지만, 때때로 내러티브가 그 자체로도 중요하면서 효과적인 전달 수단이 될 수 있다는 사실은 분명합니다. 내러티브의 전개를 염두에 두고 내러티브의 흐름에 따라 설교를 진행해가는 것이지요. 사실 쉽지 않은 과제가 여전히 남아 있기는 하지만, 구약의 내러티브 장르를 오늘날의 내러티브라는 도구로 효과적으로 전달할 수 있다면 이보다 더 확실한 방법은 없을 것입니다. 설교자는 이런 점에서 이야기꾼 (story-teller)이 될 필요가 있습니다. 성경 본문은 기록된 언어입니다. 우리가 주의를 기울여 성경을 읽지 않으면 심지어 내러티브 장르조차 제대로 파악하지 못하고 읽을 때도 많습니다. 지면으로 성경을 읽기 때문에 이것이 내러티브인지 시로 구성된 것인지 판단하지 못하고 읽는 것입니다. 안타깝게도 내러티브를 내러티브처럼 읽지 않고, 시를 시처럼 읽지 않는다는 뜻입니다. 그러므로 실제적으로 내러티브를 잘 읽으려면 등장인물의 관점을 따라, 지면에 기록된 등장인물의 목소리를 들으려고 노력해야 합니다. 제 8장 대화의 기술에서도 언급했듯이 성경 내러티브는 직접 대화를 아주 좋아합니다. 심지어 사람이 마음으로 생각하는 것조차도 직접 인용문으로 표현합니다. 실제 내러티브는 대화가 주를 이루는데 우리가 메시지를 전달할 때는 그렇게 하지 않습니다. 만약 우리가 훌륭한 성경 이야기꾼이 되기를 원한다면 좀 더 과감하게 성경 등장인물의 말과 생각을 우리의 일상 속에서 하듯 좀 더 생동감있게 묘사하고 전달할 필요가 있습니다. 내러티브는 그 자체로서 아주 훌륭한 전달 방법이 될 것이기 때문입니다.

둘째, 이 지점에서 모범적인 설교가 가능해집니다. 구약 내러티브의 중심 흐름에서 떠나 모범적인 주제를 뽑아내는 것은 지양해야 할 사항이지만, 올바른 주해에 기초해서 성경 등장인물의 신앙과 삶을 다시 조명하는 것은 필요한 일입니다. 다만, 앞에서 언급한 것처럼, 내러티브의 중심이신 하나님과 응답자로서의 인간이라는 두 가지 틀에 있어서 균형을 잘 맞추어야 합니다. 대개의 경우 모범적 설교의 위기는 모범 자체의 오류라기보다는 주해에 실패했기 때문입니다. 본문에 기초해 정확하고 안정된 주해를 토대로 중심 메시지가 정해지면, 그 메시지에 유기적으로 연결된 등장인물에 대한 묘사와 평가가 작용할 수 있을 것입니다.

셋째, 일반적으로 내러티브 장르를 설교하기에 적합한 방식은 귀납법적 설교 방식입니다. 물론 모든 내러티브가 귀납법적 방식을 취해야 하는 것은 아닙니다. 엄밀히 말하자면 본문의 흐름을 따르는 것이 좋습니다. 만일 본문이 회상 기법을 사용하고 있다면 연역법적으로 접근하는 것도 필요합니다. 하지만 대개의 경우 본문의 흐름이 발단과 전개, 위기와 절정, 해소의 과정을 가지고 있기 때문에 그 흐름을 따라간다는 측면에서 볼 때 성경 내러티브는 귀납법에 좀 더 어울린다고 말할 수 있습니다. 텔레비전에서 방영되는 드라마들은 마지막회에 가까워질 때까지 극의 긴장이 늦춰지지 않습니다. 제작진들은 드라마의 결론을 철저하게 비밀에 부칩니다. 결과를 알고 내러티브를 읽는다는 것은 마치 지난 밤에 있었던 축구 경기의 결과를 다 알고 보는 재방송과 같을 것입니다. 이처럼 무턱대고 내러티브의 결론을 먼저 강조하고 시작하면 설교의 메시지가 분명해지는 효과는 있겠지만, 내러티브 자체의 재미는 사라질 수 있습니다.

넷째, 구약 내러티브를 그리스도 중심적으로 설교하기 위해서 구약 내러티브가 신약의 그리스도께로 연결될 수 있는 다리를 놓아야 합니다. 시드니 그레이다누스는 [구약의 그리스도 어떻게 설교할 것인가]라는 책에서 구약 본문을 그리스도께 연결시킬 수 있는 중요한 원리들을 소개하고, 실제적인 방법을 여섯 가지로 소개합니다.

　　1) 점진적 구속사
　　2) 약속과 성취
　　3) 모형론
　　4) 유비의 길
　　5) 통시적 주제의 길
　　6) 대조의 길

위의 방식들에 대한 구체적인 내용과 그 적용에 대해서는 이 책을 좀 더 진지하게 읽고 자신의 것으로 만든다면 유익할 것입니다.

마지막으로, 내러티브를 설교하는 것은 설교자 자신과도 관련됩니다. 설교를 내러티브식으로 하기 위해서는 설교 원고에 매어 있는 모습은 바람직하지 않습니다. 물론 완전하게 설교 원고를 작성하고, 준비한 원고에서 벗어나지 않는 설교를 해야 합니다. 그렇다고 강단에서 설교 원고를 시종 읽어가듯 설교해서는 안됩니다. 특별히 이야기 형식을 빌어 성경 내러티브를 설교한다면, 설교 원고를 잘 숙지하고 설교자와 청중 사이에 지속적인 눈맞춤과 소통이 있도록 노력해야 할 것입니다.

누가 설교하는가?

근본적으로 중요한 내러티브가 남아 있습니다. 우리는 무엇을 설교할 것인가? 어떻게 설교할 것인가? 라는 질문에 관심을 가지지만, 사실 좀 더 진지하게 질문하고 고민해야 할 문제는 "누가 설교하는가?"입니다. 무엇을, 어떻게라는 질문이 중요하지 않은 것이 아닙니다. 하지만 설교에 있어서 "누가 설교하는가?"라는 문제보다 중요한 질문은 없습니다. 설교자 자신과 설교의 내용이 동떨어질 때 궁극적으로 설교의 의미는 사라지게 될 것이기 때문입니다. 현실속에서 설교자의 인격이나 삶과 상관없이 설교의 내용과 전달하는 기술로 인해 유명해지거나 탁월한 설교가로 인정받는 길도 있습니다. 그러나 대부분의 경우 설교자는 한 교회에서 오랫동안 설교하면서 청중들과 함께 호흡하는 존재들입니다. 교회의 성도들은 설교자의 설교 내용뿐만 아니라 그의 삶을 지켜보고 있습니다. 마치 유리로 된 성에 사는 것처럼 성도들에게 설교자의 삶은 노출될 수밖에 없습니다. 이런 환경에서는 설교자가 설교 시간에 무엇을 어떻게 선포하는가보다 그가 어떻게 행동하고 인격적인 삶을 살아가는가가 더 중요한 메시지가 됩니다. 우리는 주변에서 이름만 말하면 다 알만한 유명한 설교자들을 봅니다. 많은 사람들이 그들의 설교를 듣고 있지만, 그들의 삶과 인격이 뒷받침되지 않을 때 그들은 영적인 지도자가 될 수 없습니다. 하나님의 말씀으로 사업을 하는 것과 다름없습니다. 그런데 다른 한 편으로 그다지 유명하진 않지만, 주님이 주신 목장에서 진실되게 목회하며 묵묵히 말씀 전파의 소임을 다하는 설교자들을 종종 만날 수 있습니다. 설교자는 말에 능한 사람이 아니라 자신이 설교한 내용을 묵묵히 실천하기 위해 스스로 몸부림치며 하나님과 성도들 앞에서 진실되게 살고자 하는 고뇌를 말씀에 담아야 합니다. 성도는 유창한 설교자를 원하는 것이 아니라 진실된 설교자를 원합니다.

그러므로 바로 최고의 설교는 설교자 자신임을 한시도 잊어서는 안됩니다. 약간은 부정적인 맥락에서의 사례지만, 요나에 대한 내러티브를 생각해 볼 필요가 있습니다. 니느웨성으로 가서 말씀을 전하라는 하나님의 부르심을 받았을 때 하나님께 대항하며 스스로 도망쳤던 요나는 결국 니느웨 성으로 가서 말씀을 전했습니다. 그런데 요나가 전한 메시지 자체는 형편없는 것이었습니다.

사십 일이 지나면 니느웨가 무너지리라 (욘3:4)

니느웨성을 다니면서 선포하려면 족히 사흘은 걸릴텐데 요나는 하루 동안만 다니면서 외쳤습니다. '만일 너희가 회개하지 않으면…' 등의 전형적인 선지자의 메시지도 생략되었습니다. 구원에 대한 메시지는 더더욱 없습니다. 심지어 심판의 주체가 하나님이라는 사실조차도 말하지 않았습니다. 그런데 어떻게 니느웨 사람들은 그 짧은 심판의 메시지를 듣고 남녀노소를 불문하고 회개했을까요? 물론, 주전 8세기 앗시리아의 정치, 경제, 사회적 혼란이 요나가 전한 심판의 메시지를 더 잘 들리게 했을 여지도 충분히 있습니다. 또한 요나가 전한 그 짧은 메시지 안에도 구원과 회복의 가능성을 확인할 수 있는 내용도 있었습니다. 하지만 요나 자신이 용서와 회복의 메시지였음을 부인할 수 없습니다. 하나님을 피해 도망쳤던 그가 사흘 밤낮을 물고기 뱃속에 있다 다시 살아 돌아와 니느웨성에 나타났기에 실은 요나 자신이 메시지요, 요나 자신이 그들에게 표적이었을 것입니다. 사도 바울이 말씀한 것처럼 우리가 하나님을 증거할 때는 '말과 지혜의 아름다운 것'보다는 '성령의 나타나심과 능력'으로 해야 합니다 (고전2:1-5).

　　설교는 목회자들에게 주어진 가장 신성한 의무요, 목회자가 누릴 수 있는 최고의 축복이기도 합니다. 반면 쉼없이 평생 감당해야할 막중한 의무이기도 합니다. 그러니 하나님 앞에 정직하게 서서, 자신이 전하는 내용과 실제 자신의 삶 사이의 간격 때문에 고뇌하며 더욱 철저하게 성령님의 은혜를 구해야 할 것입니다. 성도는 설교자가 자라는 만큼 성장합니다. 그러므로 어떻게 설교할까를 질문하기 전에 온 힘과 마음을 다해 하나님의 말씀 앞에 자신을 세우고, 목회자 자신 또한 한 사람의 성도로서 자라가기를 힘써야 할 것입니다.

014

독자의 책임과 의무

014

독자의 책임과 의무

텍스트를 볼 때 어디에서 의미를 찾아야 할지에 대해서는 오랫동안 논쟁거리로 남아 있습니다. 기록한 사람이 어떤 의도를 가지고 글을 쓰는 것이니 사실 텍스트의 의미는 저자가 결정한다고 볼 수 있습니다. 문제는 저자가 더이상 우리 곁에 있지 않다는 것이지요. 본문의 의미를 알고자 할 때 저자에게 물어보면 가장 쉽지만, 우리가 성경 저자에게 접근할 길은 없습니다. 저자가 우리에게 남긴 유일한 재료는 텍스트 자체입니다. 저자가 텍스트에 자신의 의도를 담아 두었기 때문에 우리가 저자의 의미를 파악하기 위해서는 텍스트를 면밀히 검토하는 것이 절대적으로 필요합니다.

하나님의 은혜의 빛 아래 선 독자

이 책에서 우리는 성경의 문학적 성격에 대해서 주로 살펴왔습니다. 어떤 의미에서 이 작업은 성경을 하나님의 거룩한 말씀으로 보지 않아도 가능한 작업일지 모릅니다. 이 분야에서 최고의 학문적 성과를 이루었고 많은 후학들에게 영향을 미치는 로버트 알터의 경우가 바로 그런 예입니다. 그는 성경을 거룩한 하나님의 말씀으로 이해하지 않습니다. 성경을 단지 역사화된 하나의 산문 픽션으로 이해합니다. 거의 소설에 가깝다고 보는 것이지요. 이처럼 하나님에 대한 분명한 신앙고백 없이 하나의 문학작품으로 성경을 보면서 성경학자들보다 오히려 더 탁월하게 성경을 분석했다는 사실은 아이러니가 아닐 수 없습니다. 성경은 분명히 성경의 궁극적인 저자가 바로 하나님이심을 명백하게 밝힙니다.

성경은 하나님의 영감으로 된 책입니다 (딤후3:16). 성령께서 인간 저자에게 영감을 주셨고 이 성경이 오류가 없이 하나님의 온전하신 뜻을 담도록 하셨습니다. 구약성경에서도 하나님께서 친히 인간 저자들에게 말씀하시고, 기록하게 하셨습니다 (출17:14). 선지자들의 입에 하나님께서 말씀을 담아 주셨습니다 (렘1:9). 하나님께서 인간의 말을 통해 하나님의 지혜와 경륜을 보여주셨기에 사실 성경을 제대로 이해하기 위해 가장 절실하게 요구되는 것은 성령의 조명을 위해 겸손히 기도해야 하는 것입니다. 사도 베드로는 이렇게 말합니다.

> 먼저 알 것은 성경의 모든 예언은 사사로이 풀 것이 아니니 예언은 언제든지 사람의 뜻으로 낸 것이 아니요 오직 성령의 감동하심을 받은 사람들이 하나님께 받아 말한 것임이라 (벧후 1:20-21)

성경은 성령의 감동으로 주어진 말씀이기에 결코 가볍게 읽거나 사사로이 풀어서는 안됩니다. 이 말씀에 이어 베드로는 다음과 같이 경고합니다.

또 우리 주의 오래 참으심이 구원이 될 줄로 여기라 우리가 사랑하는 형제 바울도 그 받은 지혜대로 너희에게 이같이 썼고 또 그 모든 편지에도 이런 일에 관하여 말하였으되 그 중에 알기 어려운 것이 더러 있으니 무식한 자들과 굳세지 못한 자들이 다른 성경과 같이 그것도 억지로 풀다가 스스로 멸망에 이르느니라 (벧후3:15-16)

우리가 하나님의 계시의 말씀을 제대로 깨달아 알기 위해서는 지속적으로 하나님의 존전으로 나아가 성령의 은혜와 지혜를 구해야 합니다. 겸손히 성령의 은혜와 지혜를 구한다는 말이 학문적 연구를 소홀히 해도 된다는 뜻이 아닙니다. 하나님의 말씀은 깊고도 오묘해서 성경을 더 깊이 연구하면 할수록 우리가 하나님의 깊음에 도달하지 못한다는 사실을 깨닫는 것이 당연합니다. 처음 신학도의 길에 들어섰을 때는 자신이 이해하고 배운 말씀의 뜻에 대한 확신이 강하지만 더 깊이 신학을 공부할수록 말씀에 대한 무거운 책임감과 결국 하나님의 말씀에 대한 자신의 무지함을 고백할 수밖에 없게 됩니다. 결국 하나님의 말씀 앞에 선 우리는 겸손히 하나님께서 은혜의 빛을 내려주시기를 간구하는데 우선 순위를 두어야 합니다.

기록된 말씀의 연구자
독자가 비록 저자로부터 자신의 의도에 대해 직접 대답을 들을 수 없다 할지라도 우리에겐 저자가 남긴 글이 있습니다. 그러므로 하나님의 말씀을 이해하기 위해 참 저자이신 성령님을 의지함과 동시에 글로 기록된 말씀을 이해하기 위해 노력해야 합니다. 하나님께서 당신의 뜻을 인간들이 이해할 수 있도록 사람의 언어 체계 안에 당신의 뜻을 담아두셨으니 얼마나 감사한 일입니까! 만일 우리가 하나님의 뜻을 이해하기 위해 천상의 언어를 알아내야만 한다면 이 얼마나 절망적이었을까요! 하나님은 이렇게 우리를 만나시기 위해 사람의 언어를 사용하셨습니다. 그렇기에 우리가 하나님의 뜻을 이해하는데 있어서 가장 기본적이고도 중요한 출발점은 바로 기록된 언어에 대한 올바른 이해입니다. 글은 기록하는 순간 글이 가지고 있는 문법 체계와 표현과 뉘앙스를 그대로 지니게 됩니다. 하나님의 뜻은 이렇게 언어의 체계를 벗어나지 않게 우리에게 주어졌음을 기억해야 합니다. 요한복음을 기록한 사도 요한은 글을 맺을 때 재미있는 표현을 썼습니다.

> 예수께서 행하신 일이 이 외에도 많으니 만일 낱낱이 기록된다면 이 세상이라도 이 기록된 책을 두기에 부족할 줄 아노라 (요21:25)

기록된 내러티브는 당시 실제 있었던 사건을 전부 기록한 것이 아닙니다. 저자는 저마다의 의도를 가지고 기록할 내용을 면밀히 검토하고 무엇을 기록할지 선택했으며, 어떻게 기록할지, 어디에 배치할지를 하나 하나 고민하면서 기록했습니다. 누가복음 1장 3-4절이 이를 증거합니다.

> 그 모든 일을 근원부터 자세히 미루어 살핀 나도 데오빌로 각하에게 차례대로 써 보내는 것이 좋은 줄 알았노니 이는 각하가 알고 있는 바를 더 확실하게 하려 함이로라

저자가 이렇게 성령께서 지시하신 말씀을 독자들에게 전달하기 위해 면밀히 살피고 노력했기에, 독자는 반드시 텍스트 안에 담겨져 있는 저자의 의도와 전하고자 하는 메시지를 최선의 노력을 기울여서 찾

아야 합니다. 성경 원어를 공부하면 더 유익할 수 있습니다. 그렇다고 원어를 모르면 하나님의 말씀을 제대로 이해하지 못할 것으로 생각하는 것은 큰 오산입니다. 어차피 성경 원어를 잘 안다고 해서 말씀의 뜻이 분명하고 확실하게 보이는 것은 아닙니다. 겸손한 마음으로 그리고 지속적으로 말씀을 사모하고 읽어야 합니다. 말씀 자체와 친숙해져야 합니다. 말씀을 가까이 하는 삶은 몇 년 노력한다고 완성되는 일이 아닙니다. 만일 성경 말씀이 우리의 신앙과 삶의 유일한 표준이라고 확신하고 있다면 우리는 마지막 순간까지 하나님의 말씀을 가까이 하며 그 말씀을 주야로 묵상해야 합니다. 하나님의 말씀을 다독하는 것도 중요하지만, 평생 읽어야 하는 말씀이기에 천천히 정독하기를 오히려 권하고 싶습니다. 속독하며 넘어가고 일 년에 몇 번 읽었노라 말하기는 좋을지 모르지만, 빨리 읽다보면 하나님의 말씀의 깊은 뜻을 깨달아 가는데 한계가 있습니다. 보통은 읽을 때마다 익히 아는 부분에서 또 다시 깨달음이 있고 묵상을 반복하는 경우들이 많습니다. 대신 한 문장 한 문장을 천천히 읽어 보면 예상보다 더 많은 새로운 것을 얻을 수 있습니다. 주어와 동사, 목적어와 문장 구조를 주목하면서 천천히 읽으면 빨리 읽을 때는 보이지 않던 새로운 내용들이 보이기 시작할 것입니다.

성경은 아주 위험한 책이다!

세상에서 읽을 수 있는 내러티브는 모두 정말 재미있습니다. 우리가 직접 경험하지 않은 이 세상의 일뿐만 아니라 보통 사람들로선 상상조차 하기 어려운 다양한 사건들을 경험합니다. 허먼 멜빌이 지은 오래된 장편 소설인 『모비딕』을 읽으면서 우리는 바다 저 건너편에서 상상조차 하지 못했던 거대한 하얀 고래를 만납니다. 그 앞에서 배는 산산조각 나버리고 사람들이 목숨을 잃었지만 정작 소설을 읽는 독자들은 아무런 위협을 느끼지 못합니다. 오히려 흥미진진하게 읽습니다. 그 책을 덮는 순간 고래 모비딕이 주는 두려움은 사라지기 때문입니다. 독자로서 우리는 기차를 타고 은하수를 건너 안드로메다까지 신나는 여행을 하기도 합니다. 여러 가지 위험이 있어서 읽는 독자들로 하여금 손에 땀을 쥐게 하지만 내러티브는 내러티브일 뿐입니다. 하지만 성경은 전혀 다른 성격의 내러티브입니다. 성경은 단순히 우리의 재미를 위해 주어진 소설책이 아니라, 우리의 삶을 바꾸려는 의도로 주어진 하나님의 말씀이기 때문입니다. 소설책은 덮는 순간 잊어도 괜찮지만, 성경 내러티브는 성경책을 덮는 순간 우리의 삶 속에서 다시 시작되는 이야기가 되어야 합니다. 아브라함의 출애굽 내러티브는 이스라엘 백성들의 출애굽 내러티브로 연결됩니다. 더 나아가 아브라함과 이스라엘의 출애굽 내러티브는 우리가 삶 속에서 경험해야할 우리의 출애굽을 요구합니다. 그런 의미에서 자신의 삶을 변화시키고 하나님의 말씀에 비추어 자신을 개혁하려는 다짐없이 읽는 것은 무익한 일입니다.

깨달아 아는 것으로는 성경 내러티브를 이해한 것이 아닙니다. 공자는 『논어』에서 조문도석사가이 (朝聞道夕死可矣) 즉, 아침에 도를 깨달으면 저녁에 죽어도 여한이 없다고 가르쳤습니다. 진리를 깨닫는 기쁨을 말한 것이겠지만, 성경의 진리는 깨달음에 그치는 것이 아닙니다. 진리가 순종으로 이어지지 않는다면 그 깨달음이 헛된 것이 됩니다. 그러므로 하나님의 말씀을 받는 독자는 위험한 선택을 각오해야 합니다. 믿음으로 아브라함은 "부르심을 받았을 때에 순종하여 장래의 유업으로 받을 땅에 나아갈새 갈 바를 알지 못하고" 나아갔습니다 (히11:8). 아브라함은 하나님의 부르심을 받았을 때 당시 세상에서 가장 살기 좋고 안전한 땅을 떠나 생전 듣지도 보지도 못한 곳으로 가서 그곳에 정착했습니다. 모세는 "바로의 공주의 아들이라 칭함 받기를 거절하고 도리어 하나님의 백성과 함께 고난 받기를 잠시 죄악의 낙을 누리는 것보다 더 좋아"했습니다 (히11:24-25). 모세는 하나님의 부르심을 받았을 때 애굽 땅에서 누릴 수 있는 모든 부귀영화를 뒤로한 채 하나님을 예배하는 광야를 선택했습니다. 학사 에스라는 하나님의 말씀에 정통한 사람이었고 말씀을 사랑하는 사람이었습니다. 그는 왕의 총애를 받던 고위 공직자였지만, "여호와의 율법을 연구하여 준행하며 율례와 규례를 이스라엘에게 가르치기로 결심"했습니다. 그가 깨달았던 하나님의 말씀 때문에 그는 페르시아 제국에서 누리던 모든 안전과 부와 관직과 편안함을 던져 버리고, 한 번도 가보지 않았던 척박하고 버림받은 땅인 예루살렘으로 이주했습니다. 그리고 그는 깨달은 바대로 하나님의 말씀에 헌신했습니다. 성경 이야기는 이렇게 하나님의 말씀을 듣고 변화된 사람들, 자신의 모든 것을 던져 하나님의 약속의 말씀에 자신의 삶을 드린 사람들, 편안과 안락을 포기하고 위험을 선택한 사람들의 이야기입니다. 그러므로 성경은 아주 위험한 책입니다. 하나님께서 성경 내러티브를 통해 우리의 마음을 만져주시고 그 말씀대로 우리를 빚어 가시도록 온전히 헌신하십시오. 그때 비로소 성경이 요구하는 바른 독자가 될 것입니다. 이 위험을 선택하십시오.

부록

성경 내러티브에서 등장인물의 말의 신뢰성:
사라는 아브라함의 이복 여동생인가? (창20:12)

성경 내러티브에서 등장인물의 말의 신뢰성: 사라는 아브라함의 이복 여동생인가? (창20:12)

On the Reliability of Character's Speech in Biblical Narrative:
Is Sarah Abraham's Half-Sister?

1. 서론

성경 내러티브가 독자들에게 재미를 주는 이유는 내러티브에 등장하는 등장인물들의 삶과 신앙의 여정을 따라가면서 그 내용에 깊이 빠지기 때문일 것이다. 독자들은 성경 인물들의 믿음에 감탄하기도 하고, 그들의 실패를 경계하기도 한다. 이렇듯 독자들은 쉽게 등장인물들에 자신을 투영하거나 동일시하곤 한다. 하지만, 성경 내러티브에서 등장인물들이 소개되고, 그들의 성격을 만들어 가는 방식은 의외로 다양하고 복잡하기 때문에 그들을 윤리적 모범으로 단순화하는 것은 위험이 따르기도 한다. 다수의 등장인물들이 다면적인 특징을 가지고 있다. 아브라함을 예로 들어 보자. 그는 하나님의 부르심에 본토와 친척과 아버지의 집을 떠나는 믿음을 보였던 인물인데, 바로 그 다음 장면을 보면 이집트에 가서는 아내를 여동생이라고 거짓말하는 인물이기도

하다. 자신의 목숨을 위해 아내를 포기하려고 했던 그는 바로 이어지는 장에서 조카 롯을 위해 목숨을 돌보지 않고 국제적인 전쟁에 뛰어드는 모습으로 나타난다. 때로는 화가 머리 끝까지 나서 하나님을 향해 비명을 지르기도 하고 (창 15장), 때로는 하갈과 이스마엘을 쫓아 내라는 사라의 분노 어린 요구에 어찌할바 모르는 우유부단한 모습을 보이기도 하고 (창21장), 100세에 얻었던 아들을 하나님의 명령 한 마디에 모리아산에서 번제물로 드리려던 단순하고도 결단력있는 인물이기도 하다 (창 22장). 우리가 알고 있는 성경의 등장인물들은 이렇게 다면적인 모습이기 때문에 독자들이 성경 내러티브의 등장인물들을 단순화시켜 이해하다가는 본문의 의도에서 벗어나기 십상이다.

다면적인 성경 인물들의 성격을 제대로 이해하기 위해 성경 내러티브가 그들을 어떻게 묘사하는지를 잘 살피고 본문이 전달하고자 하는 방식 그대로를 이해하는 것이 독자로서 우리들의 과제다. 특별히 이 글에서는 성경에 등장하는 인물들의 말을 얼마나 믿을 수 있는지, 어떤 과정을 통해 결론을 내릴 수 있는지에 관심을 기울이고자 한다. 그러기 위해 먼저 성경 내러티브에서 등장인물들의 성격을 어떻게 규정하는지를 살핀 후에 그들의 말의 진정성에 대해서 살펴볼 것이다.

2. 성경 내러티브에서 등장인물

2.1. 등장인물 (Character)과 등장인물의 성격묘사 (Characterization)

등장인물들과 그들에 대한 성격 묘사는 성경 내러티브 속 저자의 의도를 이해하는데 있어 가장 본질적인 영역이다. 어떤 내러티브도 등장인물없이 전개될 수 없다. 저자는 등장인물을 소개하고, 다양한 방식으로 그 등장인물의 성격을 규정하면서 자신의 뜻을 독자들과 나누게 된다. 그러니 우리가 성경 내러티브에서 만나는 등장인물은 단순히 본연의 그 사람 자체가 아니라, 저자에 의해 묘사된 인물이라는 점을 기억해야 한다.[1] 우리는 아브라함의 실제 모습에 대해 질문할 수도 없고, 답을 찾을 수도 없다. 아브라함이 본래 갈대아 우르에서 어떤 일을 했었는지, 어떤 집안의 환경이었는지 등에 대해 질문하는 것은 무의미하다. 아브라함이 애굽으로 내려가서 어떤 일을 직접 겪었는지, 얼마나 오랫동안 그곳에 머물렀는지 알 길도 없고 묻는 것도 의미가 없다. 아브라함이라는 인물이 역사 속에서 존재했겠지만, 다만 우리가 성경 내러티브에서 만나게 되는 아브라함은 역사적 실존적인 모습 그대로가 아니라, 저자가 묘사한 아브라함이다. 그러므로 성경 내러티브의 등장인물을 연구할 때 그 등장인물이 왜 그런 특정한 방식을 따라 내러티브에 등장하고 있는지, 즉 내러티브 안에 묘사되어 있는 등장인물의 특징들을 연구해야 한다.

2.2. 등장인물의 유형 (Type)

성경 내러티브 안에는 다양한 형태의 등장인물들이 존재한다. E. M. 포스터가 제시한 일반적인 방식을 따르자면, 등장인물은 크게 평면적 등장인물과 다면적 등장인물로 나눌 수 있다.[2] 평면적 인물은 내러티브에서 인물의 성격이나 변화가 없는 인물이고, 다면적이라 함은

---

1) S. 채트먼, 『내러티브와 담론: 영화와 소설의 서사구조』, 한용환 역 (서울: 푸른사상, 2012), 138-39.

2) E. M. Foster, *Aspects of the Novel* (San Diego: A Harvest Book, 1927). 하비는 네 가지로, 벌린은 세 가지로 나눈다. W. J. Harvey, *Character and the Novel* (New York: Cornell University Press, 1968), 56; Adele Berlin, *Poetics and Interpretation of Biblical Narrative* (Winona Lake: Eisenbrauns, 1994), 23-24.

내러티브를 통해 인물의 성격이 변화를 겪어 간다는 뜻이다. 대체로 주인공은 다면적이고, 중요하지 않은 인물은 대체로 평면적이라고 볼 수 있다. 때로는 한 내러티브 단위에서 평면적 인물로 나타나지만, 거대 내러티브 구조 안에서 변화와 발전을 거듭하는 경우도 있다.[3] 저자는 내러티브의 주된 흐름을 중심인물들을 통해 진행하기 때문에 독자들이 중심인물들의 관점에서 내러티브를 읽는 것이 중요하다.

2.3. 등장인물의 성격 규정

현대 문학은 등장인물을 최대한 자세히 묘사하기 때문에 독자들은 글을 읽을 때 등장인물의 생김새와 차림새 등의 특징들을 마치 그림을 그리듯 이해할 수 있다. 하지만 성경 내러티브에서는 등장인물에 대한 묘사가 놀라우리만큼 인색하다. 우리는 성경에 나오는 주요한 인물들이 어떻게 생겼는지 거의 아무런 정보도 가지고 있지 않다. 심지어 예수님이 어떤 모습인지, 그의 코는 오똑한지, 피부색은 어떤지 알 길이 없다. 성경 내러티브는 철저하게 저자의 의도에 따라 등장인물의 모습, 감정, 대화, 특징 등에 대해 제한된 정보를 준다. 그리고 등장인물에 대해 주어진 모든 정보는 등장인물의 성격, 태도 등을 이해하는데 도움을 준다.

2.3.1. 인물 묘사

등장인물에 대한 묘사는 크게 직접적 묘사와 간접적 묘사로 나눌 수 있다. 직접적 묘사는 나래이터나 내러티브 속 등장인물 중 한 사

---

3) 창12:20-13:1에 나타나는 아브라함의 캐릭터는 주요 등장인물이지만, 단면적이다. 하지만, 전형장면으로 연결된 창20:1-18에서 아브라함의 성격 묘사는 변화하고 발전한다.

람이 등장인물의 어떠함에 대해 직접적으로 언급하는 것이고, 간접적
묘사는 등장인물의 말이나 행동 등에 대한 간접적인 분석을 필요로 하
는 것이다. 여기서는 간단하게만 정리하고자 한다.[4]

나래이터는 의도를 가지고 등장인물에 대한 정보를 제공한다.
리브가는 "보기에 심히 아리땁고 남자가 가까이 하지 않은 처녀 (창
24:16)"라고 소개하기도 하고, "레아는 시력이 약하고 라헬은 곱고 아리
땁다 (창29:17)"고 말한다. 절대적인 신뢰를 줄 수 있는 하나님에 의해서
도 정보가 주어진다. 하나님은 노아에 대해 "네가 내 앞에 의로움을 내
가 보았음이니라 (창7:1)"고 말씀하신다. 이렇게 나래이터 혹은 하나님께
서 제공하는 정보는 내러티브를 이해하는데 결정적으로 중요한 것들
이다.[5] 또한 이것은 독자들에게 직접적으로 영향을 주어 내러티브를
읽을 때 의심하지 않고 하나의 전제로 삼고 읽도록 한다.

간접적인 묘사는 주로 말이나 행동에 대한 묘사와 더 깊은 관련
을 가진다. "야곱은 태어날 때 형 에서의 발꿈치를 잡았다 (창25:26)"고
묘사한다. 또한 에서가 장자권을 팔고 야곱으로부터 음식을 받아 먹는
모습을 "에서가 먹으며 마시고 일어나 갔으니 에서가 장자의 명분을 가
볍게 여김이었더라 (창25:34)"고 묘사한다. 뒤에 평가가 담겨 있기는 하지

---

4) 등장인물의 성격 묘사와 관련해서는 다음을 참조하라. Simons Bar-Efrat,
   Narrative Art in the Bible (Sheffield: The Armond Press, 1989), 49-92; Berlin,
   Poetics and Interpretation of Biblical Narrative, 23-42; Yairah Amit, *Reading
   Biblical Narratives: Literary Criticism and the Hebrew Bible* (Minneapolis:
   Fortress Press, 2001), 69-92; D. F. 톨미, 『서사학과 성경 내러티브』, 이상규 역
   (서울: CLC, 2008), 63-91.

5) Ibid., 53. 하지만 등장인물에 의해 주어지는 성격 묘사의 경우는 그것이 주관적인
   지 객관적인 정보인지 정확히 판단해야 한다고 그는 주장한다. 직접적 성격 묘사의
   다양한 측면은 53-64를 참조하라.

만, 에서의 주저함 없는 모습을 행동으로 묘사하고 있다. 때로는 등장인물의 성격 묘사를 할 때 이름이나 등장인물에 대한 호칭을 정하는 방식으로도 나타난다. 엘리멜렉의 두 아들 이름은 기룐과 말론인데 그 뜻은 병약함과 실패를 뜻한다. 문학적 의도가 담긴 이름이라 볼 수 있다 (룻1:2). 마찬가지로 룻의 기업을 무를자로 소개된 이는 이름이 밝혀지지 않은 채 본문에서는 단순히 "아무개"라고만 언급된다 (룻4:1). 등장인물의 말은 등장인물이 본문에서 가지고 있는 성격을 간접적으로 알려주는 중요한 장치다. 말의 내용은 물론이고 그 말을 하는 등장인물의 자세나 말투 등 모든 부분이 등장인물의 성격 묘사에 사용된다.[6]

3. 등장인물의 말의 신뢰성

내러티브에서 등장인물은 없어서는 안될 중요한 요소들 중의 하나다. 등장인물은 내러티브에서 다양한 방식으로 소개되는데, 그 중에서도 가장 특별한 방식 중의 하나가 바로 등장인물의 말이다. 내러티브는 서술과 말을 통해 내러티브를 전개해 나간다. 우리가 살펴볼 창세기 20장을 보자.

> 1 아브라함이 거기서 네게브 땅으로 옮겨가 가데스와 술 사이 그랄에 거류하며 2 그의 아내 사라를 자기 누이라 하였으므로 그랄 왕 아비멜렉이 사람을 보내어 사라를 데려갔더니 3 그 밤에 하나님이 아비멜렉에게 현몽하시고 그에게 이르시되 네가 데려간 이 여인으로 말미암아 네가 죽으리니 그는 남편이 있는 여자임이라 4 아비멜렉이 그 여인을 가까이 하지

---

6) Ibid., 64-86.

아니하였으므로 그가 대답하되 주여 주께서 의로운 백성도 멸하시나이까 5 그가 나에게 **이는 내 누이**라고 하지 아니하였나이까 그 여인도 **그는 내 오라비라** 하였사오니 나는 온전한 마음과 깨끗한 손으로 이렇게 하였나이다 6 하나님이 꿈에 또 그에게 이르시되 네가 온전한 마음으로 이렇게 한 줄을 나도 알았으므로 너를 막아 내게 범죄하지 아니하게 하였나니 여인에게 가까이 하지 못하게 함이 이 때문이니라 7 이제 그 사람의 아내를 돌려 보내라 그는 선지자라 그가 너를 위하여 기도하리니 네가 살려니와 네가 돌려보내지 아니하면 너와 네게 속한 자가 다 반드시 죽을 줄 알지니라 8 아비멜렉이 그 날 아침에 일찍이 일어나 모든 종들을 불러 그 모든 일을 말하여 들려 주니 그들이 심히 두려워하였더라 9 아비멜렉이 아브라함을 불러서 그에게 이르되 네가 어찌하여 우리에게 이렇게 하느냐 내가 무슨 죄를 네게 범하였기에 네가 나와 내 나라가 큰 죄에 빠질 뻔하게 하였느냐 네가 합당하지 아니한 일을 내게 행하였도다 하고 10 아비멜렉이 또 아브라함에게 이르되 네가 무슨 뜻으로 이렇게 하였느냐 11 아브라함이 이르되 이 곳에서는 하나님을 두려워함이 없으니 내 아내로 말미암아 사람들이 나를 죽일까 생각하였음이요 12 또 그는 정말로 나의 이복 누이로서 내 아내가 되었음이니라 13 하나님이 나를 내 아버지의 집을 떠나 두루 다니게 하실 때에 내가 아내에게 말하기를 이 후로 우리의 가는 곳마다 그대는 나를 그대의 오라비라 하라 이것이 그대가 내게 베풀 은혜라 하였었노라 14 아비멜렉이 양과 소와 종들을 이끌어 아브라함에게 주고 그의 아내 사라도 그에게 돌려보내고 15 아브라함에게 이르되 내 땅이 네 앞에 있으니 네가 보기에 좋은 대로 거주하라 하고 16 사라에게 이르되 내가 은 천 개를 네 오라비에게 주어서 그것으로 너와 함께 한 여러 사람 앞에서 네 수치를 가리게 하였노니 네 일이 다 해결되었느니라 17 아브라함이 하나님께 기도하매 하나님이 아비멜렉과 그의 아내와 여종을 치료하사 출산하게 하셨으니 18 여호와께서 이왕에 아브라함의 아내 사라의 일로 아비멜렉의 집의 모든 태를 닫으셨음이더라.

이 본문에서 등장인물의 말은 약 60퍼센트를 차지하고 나머지 40퍼센트가 서술에 해당된다. 서술은 내용을 설명하면서 실질적으로 대화와 대화를 이어주는 역할을 한다. 5절을 보면, 간접 화법을 써서 표현해도 될 아브라함과 사라의 말까지도 직접 화법으로 표현되어 있음을 본다. 성경 내러티브가 직접 대화를 얼마나 좋아하는지 알 수 있는 대목이다. 이런 내러티브의 특징은 창세기 17:17-18에서 더 두드러진다.

17 아브라함이 엎드려 웃으며 마음속으로 이르되 백 세 된 사람이 어찌 자식을 낳을까 사라는 구십 세니 어찌 출산하리요 하고 18 아브라함이 이에 하나님께 아뢰되 이스마엘이나 하나님 앞에 살기를 원하나이다

본문에서 보듯 첫 번째 아브라함의 직접 대화 장면은 아브라함이 실제로는 마음으로 생각한 내용이지만, 본문은 직접 화법으로 소개하고 있다. 이런 대화를 자주 사용하면서 저자는 전달하는 내용의 명확성, 극적인 긴장감 등을 높인다.[7]

그렇다면 등장인물의 말을 우리는 얼마나 신뢰할 수 있는가? 단순히 아브라함이 한 말이니 우리가 믿어야 하는가? 내러티브에 있는 모든 말들은 실은 다양한 방법을 통해 평가되어야 하고, 그 후에야 등장인물의 말의 신뢰성을 결정할 수 있다. 로버트 알터는 이에 대해서

---

7) 로버트 알터, 『성서의 내러티브 기술』, 황규홍, 박영희, 정미현 역 (서울: 아모르문디, 2015), 121. 알터의 책 제 4장은 서술과 대화에 대해 훌륭한 분석을 제공한다.

다음과 같이 네 가지로 분류한다.[8]

첫째, 등장인물의 외모나 행동, 태도, 의상 등을 통해서 등장인물의 성격을 나타낼 수 있는데 이런 경우는 가장 낮은 수준의 신뢰도를 가지고 있다. 행동이나 외모로는 간접적인 정보만을 줄 뿐 해석의 여지가 훨씬 많다.

둘째, 등장인물의 직접적인 말은 보다 더 믿을만한데, 등장인물이 말을 통해 자신의 주장을 담고 있기 때문이다. 그러나 이것도 여전히 낮은 수준의 신뢰를 주는 이유는 그가 말을 하던 상황이 다르게 해석할 여지를 주기 때문이다. 등장인물이 의도적으로 거짓말을 할 수도 있고, 본인은 진실을 말한다고 생각하고 있더라도, 내러티브에서 그의 말이 부정되는 경우도 있다.

셋째, 등장인물의 내면의 목소리나 독백은 그가 다른 대상에게 하는 말보다 더 믿을만 하다. 자신이 하고 있는 말의 숨겨진 의도가 드러나기 때문이다.

넷째, 우리가 가장 믿을 수 있는 내용은 나래이터의 말이나 하나님의 말씀이다.[9] 나래이터의 첨언은 우리가 믿고 들어도 되는 목소리이고, 등장인물에 대한 하나님의 평가나 말씀도 신뢰 할수 있다.

이와 같이 등장인물의 말은 성경 내러티브에서 매우 중요하게

---

8) Ibid., 197-207.

9) 하나님 역시 등장인물 속에 들어 있지만, 성경이 하나님의 계시의 말씀이라는 독특성으로 인해 등장인물로서의 하나님의 말씀도 절대적인 신뢰를 할 수 있다. 어쩌면 나래이터의 말보다 더 신뢰해야 할 수 있다. Bar-Efrat, *Narrative Art in the Bible*, 54; Meir Sternberg, *The Poetics of Biblical Narrative: Ideological Literature and the Drama of Reading* (Bloomington: Indiana University Press, 1987), 153-59.

사용되지만, 그 말의 신뢰성은 생각보다 낮은 단계에 있음을 확인할 수 있다. 그러므로 독자는 내러티브에서 등장인물이 하는 말들을 판단해야 한다. 과연 등장인물의 말은 저자가 신뢰성 있게 전달하고자 하는 객관적인 사실인가? 아니면 등장인물 자신의 주관적 진실성에 불과한 주장인가? 등장인물의 말에 대해 보다 상위 단계에 있는 영역에서 평가해 주는 경우가 가장 쉽게 판단 할 수 있는 경우다. 예를 들어, 창 20:4-5에서 아비멜렉은 하나님 앞에 자신의 무죄함을 주장한다: "주여 주께서 의로운 백성도 멸하시나이까 그가 나에게 이는 내 누이라고 하지 아니하였나이까 그 여인도 그는 내 오라비라 하였사오니 나는 온전한 마음과 깨끗한 손으로 이렇게 하였나이다." 아비멜렉의 무죄 주장은 믿을만한가? 하나님께서 본문 6절에서 아비멜렉의 행위를 평가해 주시는데 거기서 우리는 아비멜렉의 말의 신뢰성을 확증할 수 있게 된다: "네가 온전한 마음으로 이렇게 한 줄을 나도 알았으므로 너를 막아 내게 범죄하지 아니하게 하였나니…" 하나님의 이런 평가로 말미암아 독자는 비로소 아비멜렉의 말이 진실된 것임을 알 수 있다.

나래이터나 하나님의 확증이 아니더라도, 등장인물의 독백을 통해 그의 말의 신뢰성을 평가할 수 있는 경우도 있다. 하나님께서 아브라함에게 사라를 통해 아들을 주실 것이라 약속하셨을 때 그는 하나님께 "이스마엘이나 하나님 앞에 살기를 원하나이다"라고 말했다 (창 17:17-18). 사실 이스마엘이 하나님 앞에 살기를 바라는 그의 진심을 의심할 필요는 없다. 물론 그가 진실된 말을 하고는 있지만, 그의 속마음을 들여다 좀 더 깊이 보면 의미는 달라진다: "백 세 된 사람이 어찌 자식을 낳을까 사라는 구십 세니 어찌 출산하리요." 결국 아브라함이 하나님께 소리내어 말한 고백 자체는 거짓이 아니었을지라도, 그가 속으로 생각하는 말을 듣는 순간 독자들은 그의 말이 하나님의 약속에 대한 불신앙의 표현임을 알게 된다.

다윗의 예를 한 가지만 더 들어 보자. 골리앗을 죽이고 돌아온 다윗을 두려워하게 된 사울은 자신의 두 딸 메랍과 미갈을 두고 다윗에게 말을 전한다. "내 맏딸 메랍을 네게 주리니 오직 너는 나를 위하여 용기를 내어 여호와의 싸움을 싸우라 (삼상18:17)." 마찬가지로 "네가 오늘 다시 내 사위가 되리라" "너희는 다윗이 다윗에게 비밀히 말하여 이르기를 보라 왕이 너를 기뻐하시고 모든 신하도 너를 사랑하리니 그런즉 네가 왕의 사위가 되는 것이 가하니라 하라 (삼상17:22)." 사울이 다윗과 신하들에게 전한 내용은 다윗을 사위로 삼고 싶어 한다는 말이다. 이 말은 과연 믿을만 한가? 사울의 독백을 보면서 그가 다른 사람에게 말 할때 자신의 의도를 평가할 수 있다. 나래이터는 사울의 마음속 생각을 알려준다. "이는 그가 생각하기를 내 손을 그에게 대지 않고 블레셋 사람들의 손을 그에게 대게 하리라 함이라" (17절) 또한 사울은 스스로 말하기를 "내가 딸을 그에게 주어서 그에게 올무가 되게 하고 블레셋 사람들의 손으로 그를 치게 하리라" (21절) 이로 볼 때, 사울은 다윗을 사위로 삼고 싶다고 말은 하고 있지만, 실상은 그의 말이 거짓이며 믿을 수 없다는 사실을 자신의 독백을 통해 알려준다. 사울 자신의 내면적 진실성에서도 거짓이요, 실제 말도 거짓인 셈이다.

이와 같이 등장인물의 말을 우리가 얼마나 믿을 수 있는가 하는 문제는 단순히 말 자체만이 아니라, 그 주변 문맥에서 주어지는 다른 정보들을 통해서도 얻을 수 있다. 만약 주변 문맥에서 등장인물 자신의 속마음 독백이나 나래이터, 하나님, 또는 주변 인물의 평가 등을 통해서 적절한 도움을 받을 수 없는 상황이라면 어떻게 우리는 등장인물의 말을 평가할 수 있을까? 문맥에서 그 진정성을 신뢰할 수 있을지 없을지 모호한 경우도 많이 있는데, 그런 경우라 하더라도 문맥을 통해 간접적인 도움은 기대할 수 있다.

　　이스라엘의 저명한 성경 문학 비평가인 마이어 스턴버그는 등장
인물의 말을 평가할 수 있는 간접적인 요소들을 추가한다. 그에 따르
면, 명시적으로 알 수 있는 나래이터의 언급이나, 개인적인 독백, 의도
된 단어 선택 등을 제외하더라도 등장인물의 행위나, 그 행위를 평가할
수 있는 단어와 표현의 선택, 심지어 내러티브의 전개 패턴의 순서와
그 순서의 변형, 내러티브 전개에 있어서 유사점과 차이점에 대한 대조
등을 통해서도 판단할 수 있다.[10] 결국 독자는 내러티브 안에 있는 모
든 형태의 정보를 통해 등장인물의 말의 신뢰도를 적절하게 평가할 수
있다는 뜻이다. 이제 등장인물의 말을 평가하는 몇 가지 기준을 가지고
창세기 20장 11-13절에서 아브라함이 자신의 아내를 여동생이라고 말
한 내용을 평가해 보자.

4. 창세기 20장 11-13절에 나타난 아브라함의 말 평가하기

　　앞서 언급했던 등장인물의 말을 평가하는 관점들로 본문에 있
는 아브라함의 말을 살펴보자. 창세기 20장에서 촉발된 위기와 갈등의
가장 핵심적인 문제는 아브라함이 아비멜렉에게 했던 말들 중 "또 그
는 정말로 나의 이복 누이로서 내 아내가 되었음이니라" 라는 표현에
있다 (12절). 사실 아브라함의 아내 사라가 실제로 아브라함의 이복누이
였다는, 어쩌면 깜짝 놀랄만한 선언이 주어졌지만 문맥에서 하나님이
나 나레이터가 직접적으로 이에 대해 평가하는 것을 볼 수 없기 때문

---

10) Sternberg, *The Poetics of Biblical Narrative*, 475-81. 스턴버그는 실제 모든 가능
　　성을 15가지로 세분화하고 있다

에 그 말의 신뢰도에 대해서 좀 더 깊은 고민이 필요하다. 이를 탐구해 가기 위해 먼저 근접 문맥에 나타나는 사라를 먼저 살펴보자.

4.1. 아브라함 내러티브에서 사라[11]

사라는 처음부터 아브라함의 아내로 나타난다. 약속의 후손을 잉태하는 결정적인 역할을 하는 여인이지만, 실제 내러티브 안에서 사라의 역할이 강조되지는 않는다. 사라가 등장할 때도 주로 사라 자신에 대한 관심보다는 사라의 역할, 즉 아내요 어머니로서의 역할로 주로 등장한다. 사라는 아브라함 내러티브에 지속적으로 등장하지만, 여기서는 아브라함과의 관계에 국한해 연결된 본문을 살펴보자.[12]

4.1.1. 데라의 가계에 나타난 사라

사라는 먼저 데라의 가계에 등장한다 (창11:27-32). 무심하게 데라의 자녀들과 며느리에 대한 정보를 주는 것 같지만, 문학적인 구조로 보면 사라의 모습은 본문에서 중요하게 나타난다.

데라와 자손들의 톨레도트 (27절)

갈데아 우르: 하란의 죽음 (28절)

---

11) 비록 창세기 17장에 이르러 하나님께서 아브람을 아브라함으로, 사래의 이름을 사라라고 바꿔주시지만, 이 글에서는 일관성을 위해 그 이전 본문을 다룰 때도 모두 '아브라함' 그리고 '사라'라고 언급할 것이다.

12) 사라에 대해 탐구한 책으로는 Tammi J. Schneider, *Sarah: Mother of Nations* (New York: Continuum, 2004)과 David J. Zucker, *The Matriarchs of Genesis: Seven Women, Five Views* (Eugene: Wipf & Stock, 2015)를 들 수 있다. Schneider의 책은 사라 자신에 대해서 특별히 창세기에 집중해서 쓰고 있지만, Zucker의 책은 사라에 대한 고대 문헌들의 시각들을 좀 더 자세히 다룬다.

아브라함과 사라, 나홀과 밀가의 결혼 (취함) (29절)

　사라의 무자함 (11:30)

　　데라가 아브라함, 사라, 롯을 취하여 떠남 (31a)

　　　갈데아 우르를 떠나 하란에 머무름 (31b)

　　데라의 삶과 죽음을 요약 (32절)

　이 구조에서 보듯, 사라의 무자함은 데라의 톨레도트에서 결정적으로 중요한 역할을 한다는 것을 알 수 있다. 이런 점에서 사라는 전체 내러티브에서 대단히 수동적인 존재임에도 불구하고 주요 등장인물이다. 본문에서 사라를 소개하는 내용은 두 가지로 나타난다. 첫째, 창세기 11장 29절에서 "아브람과 나홀이 장가 들었으니 아브람의 아내의 이름은 사래며 나홀의 아내의 이름을 밀가니 하란의 딸이요 하란은 밀가의 아버지이며 또 이스가의 아버지더라"고 언급함으로써 사라가 아브라함의 아내라는 사실을 말한다. 둘째, 창세기 11장 31절에서 "데라가 그 아들 아브람과 하란의 아들인 그의 손자 롯과 그의 며느리 아브람의 아내 사래를 데리고 갈대아인의 우르를 떠나 가나안 땅으로 가고자 하더니 하란에 이르러 거기 거류하였으며"라고 말함으로써 사라를 데라의 며느리요, 아브라함의 아내로 언급한다. 그러므로 우리가 확정할 수 있는 사실을 단순하게 말하면, 사라는 아브라함의 아내요, 데라의 며느리다.

　　여기까지는 당연해 보이지만, 하란의 딸인 밀가를 소개하는 대목에서 약간의 혼동이 있을 수 있다. 밀가는 나홀의 아내이면서 하란의 딸이다. 본문에서 밀가의 아버지는 소개되어 있지만, 결혼 관계에 의해 성립된 데라의 며느리라는 정체성에 대해서는 언급하지 않는다. 밀가는 후일 리브가를 출산함으로 다음 내러티브와의 연결을 위해 중요한 역할을 할 인물이기 때문에 미리 소개된 측면이 있다 (창22:20-24).[13] 그런데 본문 29절에서는 하란의 또 다른 딸인 '이스가'가 등장한다. 이 대목에서 사람들은 큰 의문을 가진다.[14] 첫째, 본문 이후에 어떤 역할도 하지 않는 '이스가'가 왜 등장하는가? 둘째, 이후 본문에서 밀가보다 더 중요한 역할을 할 사라의 아버지는 왜 언급되지 않았는가? 이 두 가지 질문에 의문을 가진 사람들은 창세기 20장 12절에 근거해서 이스가가 사실은 사라의 다른 이름이라고 주장하기도 한다.[15] 하지만 이럴 경우 아브라함이 양자로 삼으려 했던 조카 롯과 자신의 아내 사

---

13) 족보가 어떻게 다음에 나오는 내러티브에 정보를 제공하며 연결되는지에 대해서는 다음의 글을 참조하라. Nahum M. Sarna, "The Anticipatory Use of Information as a Literary Feature of the Genesis Narratives," *in The Creation of Sacred Literature: Composition and Redaction of the Biblical Text* (ed. Richard E. Friedman; vol. 22; Near Eastern Studies; Berkeley: University of California Press, 1981), 76-82.

14) 여전히 여러가지 의문들이 있다. 첫째, 하란을 사람 이름으로 보아야 하는지가 문제다. 하란은 지역의 이름이기도 하기 때문에 밀가가 하란의 딸이라는 표현이 하란지역의 딸이라는 뜻으로 읽힐 수도 있다. 하지만 이 의문은 단순히 지명 하란과 이름 하란의 히브리어 철자의 차이를 생각하면 자연스럽게 풀릴 수 있다. 둘째, 여기서 말하는 하란은 나홀과 아브라함의 죽은 형제 하란과 동일인물인가? 하란은 갈대아 우르에서 이미 죽었으며 롯의 아버지인 것은 확실하지만, 밀가와 이스가의 아버지와 동일인물인지에 대해서는 의문을 제기할 수 있다. 특별히 이스가라는 이름을 언급하면서 아들 롯의 이름을 여기서 언급하지 않은 것이 문제가 된다. 이 때문에 카숫토는 동일한 이름의 다른 사람이라고 주장한다. U. Cassuto, *A Commentary on the Book of Genesis, Part II* (Jerusalem: The Magnes Press, 1964), 277.

15) R. G. Branch, "Sarah," in T. D. Alexander & D. W. Baker (Eds.), *Dictionary of the Old Testament: Pentateuch* (Downers Grove: InterVarsity Press, 2003), 735. 또한 Richard S. Hess, "Iscah (Person)," in *ABD* 3:509도 참조하라.

라가 남매지간이 되기 때문에 받아들이기가 어렵다.

창세기 11장 29-30절의 구문론적 특징을 보면, 29절에서 밀가의 가족적 배경, 즉 아버지를 소개하지만, 대조적으로[16] 30절에서는 사라의 아버지에 대해 전혀 소개하지 않는다. 사라의 아버지가 소개되지 않을 뿐아니라, 그녀에겐 자녀도 없다는 사실을 강조하고 있다. 이것은 다분히 의도적 침묵으로 볼 수 있다. 저자는 사라의 가족적 배경을 의도적으로 언급하지 않음으로써 이후에 전개될 아브라함 내러티브에 극적 긴장감을 더해준다. [17]

창세기 11장 31절은 사라와 관련해서 한 가지 또 중요한 언급을 하는데, 그것은 그녀가 데라의 며느리라는 사실이다. 사라가 데라의 딸이었다고 한다면 이것은 좀 더 이상하다. 본문에 등장하는 밀가와 이스가는 모두 아버지가 소개되어 있는 반면, 사라의 아버지가 소개되지 않는다는 점을 주목할 필요가 있다. 만일 사라가 데라의 딸이었다고 한다면, 본문에서 밀가와 이스가의 아버지를 소개하면서 굳이 사라의 아버지를 소개하지 않는다는 것도 납득하기 어려운 측면이 있다.[18]

4.1.2. 사라와 이방왕들

족장들이 이방 땅으로 가서 아내를 여동생이라고 속이는 내러티브는 창세기에 세 차례 등장한다 (창12:10-13:1; 20:1-18; 26:1-11). 이 세 개의 내러티브는 얼핏 보기엔 매우 유사한 내러티브처럼 보이지만, 한 저자가

---

16) 접속사 바브는 대조적 의미가 있다.

17) Kenneth A. Mathews, *Genesis 11:27-50:26* (NAC; Nashville: Broadman & Holman Publisher, 2005), 101-102.

18) Laurence A. Turner, *Announcements of Plot in Genesis* (Sheffield: Sheffield Academic Press, 1990), 65.

유사해 보이는 내러티브를 무려 세 번이나 본문 안에 등장시킨 것은 분명한 의도가 있다고 봐야 한다.[19] 소위 아내/여동생 내러티브를 전형 장면의 관점에서 보다 잘 이해할 수 있는데, 세 내러티브에서 반복적으로 나타나는 장면이나 주제와 구성을 함께 연구하면 저자가 가졌던 보다 큰 그림을 이해하는데 도움이 된다. 미리 정해진 장면의 반복적 패턴에서 전형장면을 찾아왔던 이전의 방식과는 다르게 최근에는 보다 더 서사적 관점에서 전형 장면을 보려는 시도들이 전개 되고 있다.[20]

---

19) 비평학적 관점에서 세 가지 내러티브는 다른 자료의 존재를 알리는 강력한 증거 구절로 이용되어 왔다. 최근에 들어서는 비평학적 입장을 견지하는 학자들 안에서도 세 내러티브가 한 사람의 저자에 의해 의도적으로 기록된 것이라는 입장을 받아들이는 사람들이 많아졌다. 이 논의에 대한 전체 토의는 다음을 보라. Hwagu Kang, *Reading the Wife/Sister Narratives in Genesis: A Textlinguistic and Type-Scene Analysis* (Eugene: Pickwicks Publications, 2018). 특별히 서론 부분에서 언급한 서지 정보들을 참고하면 자료 비평, 양식 비평, 사회사적 비평, 그리고 문학 비평에 대한 논의를 정리할 수 있을 것이다.

20) 성서학계에서 선구자 역할을 한 사람은 로버트 알터와 로버트 쿨리를 들 수 있다. 이들은 모두 반복적으로 나타나는 정형화된 패턴에 좀 더 초점을 맞췄다. 알터,『성서의 내러티브 기술』; Robert C. Culley, *Studies in the Structure of Hebrew Narrative* (Philadelphia: Fortress Press, 1976), 33-41. 알터의 뒤를 이어 많은 사람들이 다양한 내러티브에서 전형장면 관점을 적용하려 했다. D. M. Fleming, "The Divine Counsel as Type-Scene in the Hebrew Bible," (Ph.D. Diss., Southern Baptist Theological Seminary, 1989); Esther Fuchs, "Structure, Ideology and Politics in the Biblical Betrothal Type-Scene," in *Feminist Companion to Genesis* (Sheffield: JSOT Press, 1993), 273-81; Craig Thomas McMahan, "Meals as Type-Scenes in the Gospel of Luke," (Ph.D. Diss., Southern Baptist Theological Seminary, 1987); James G. Williams, "The Beautiful and the Barren: Conventions in Biblical Type-Scenes," *Journal for the Study of the Old Testament 17* (1980); 117-19.

이 세개의 내러티브를 우리가 읽을 때, 각각의 내러티브 안에 반복되고 연결된 요소들을 찾고, 각각의 내러티브가 새로운 정보를 주기 위해 어떤 변이 (variations)를 가지는지 살핀다면, 각각의 내러티브를 발전시켜 가고자 하는 저자의 의도를 찾을 수 있을 것이다. 다음 표는 세 개의 아내/여동생 내러티브가 가지는 상호간의 유사성과 차이점들을 정리한 것이다.[21]

	창12:1-13:1	창20:1-18	창26:1-11
장소	이집트	그랄	그랄
인물	아브람, 사래, 바로	아브라함, 사라, 아비멜렉	이삭, 리브가, 아비멜렉
이유	기근	x	기근 (아브라함때와 다름)
신적 현현	x	x	2-5절
속임 계획	이집트 도착 전 (아브람의 말)	사건 이후 드러남	나래이터의 목소리
과정	사래의 아름다움을 이집트 방백들이 칭찬	아름다움 언급 없음	리브가의 아름다움을 백성들이 칭찬
일어난 일	사래가 바로의 집으로 들어감 (결혼)	아비멜렉이 사라를 취하려 함	아무 일도 없음
부	바로가 취한 이후	사건이 드러난 이후	사건과 무관함
하나님의 개입	여호와께서 질병을 보내심	아비멜렉의 꿈에 나타나심. 미리 질병을 보내심 (v. 18)	없음
드러남	없음	하나님의 막으심	우연히
소환	바로의 소환 아브라함의 무응답	아비멜렉의 소환 아브라함의 변명	아비멜렉이 이삭을 비난. 이삭의 응답
왕의 명령	없음	없음	백성들에게 명령

---

21) 이 표에는 26장까지를 포함했지만, 지면과 성격 관계상 지금 논의에서는 이삭과 리브가의 동일한 사건에 대해서는 중요하게 언급하지 않을 것이다.

결과	바로가 쫓아냄	아비멜렉이 부를 제공하고 오랫동안 거주하게 함	이삭이 어디서든 농사지으며 부를 축척
		아비멜렉이 사라에게 말함	
		아브라함의 기도와 하나님의 고치심	

이 표를 통해 세 개의 내러티브가 다양한 방식으로 차이점들이 있음을 쉽게 확인할 수 있다. 여기 언급된 내러티브 상호간의 연속성과 변이는 단순히 장면에서만 아니라, 공통적으로 등장하는 인물, 주제, 그리고 구성 등을 통해서도 찾을 수 있다.[22] 특별히 등장인물의 연속성과 변이를 언급하는 이유는 내러티브에서 인물이 하는 말의 신뢰도와도 깊은 관련이 있기 때문이다. 이 부분을 좀 더 깊이 살펴보자.

4.1.2.1. 창세기 12:10-13:1의 등장인물

나래이터: 가장 중요하게 고려해야 할 존재는 나래이터다. 나래이터는 독자가 보고, 듣고, 느끼는 모든 것을 제공할 뿐만 아니라, 다른 등장인물의 행위나 말에 대해 최종적인 평가자로 존재한다.[23] 나래이터는 내러티브에서 전지적이고 어디에나 존재하면서 내러티브 방향에 결정적인 역할을 한다. 여기서도 나래이터는 사건의 배경이 되는 정보를 줄 뿐만 아니라, 사건의 방향을 전환시키는 하나님의 역할도 자신의 목소리로 전달한다 (17절).

아브라함: 본문 어디에나 등장하는 가장 중요한 역할을 하는 인

---

22) 다음을 보라. Kang, Reading the Wife/Sister Narratives in Genesis.

23) Bar-Efrat, Narrative Art in the Bible, 13.

물로서, 그는 주도적으로 생각하고 행동한다. 아브라함은 가나안 땅을 떠나 애굽으로 내려갈 때 하나의 중요한 가정을 한다. 내러티브는 아브라함의 말을 통해 그의 성격 묘사를 구체화한다. 그는 다음과 같이 말한다. "내가 알기에 그대는 아리따운 여인이라 애굽 사람이 그대를 볼 때에 이르기를 이는 그의 아내라 하여 나는 죽이고 그대는 살리리니 원하건대 그대는 나의 누이라 하라 그러면 내가 그대로 말미암아 안전하고 내 목숨이 그대로 말미암아 보존되리라" (11-13절). 아브라함은 정말 그렇게 생각하고 있었을 테지만, 문맥 안에서 그의 말은 바로의 말을 통해 틀린 내러티브로 판명난다. 바로는 "네가 어찌하여 나에게 이렇게 행하였느냐 네가 어찌하여 그를 네 아내라고 내게 말하지 아니하였느냐 네가 어찌 그를 누이라 하여 내가 그를 데려다가 아내를 삼게 하였느냐 네 아내가 여기 있으니 이제 데려가라" (18-19절). 여기서 주목해야 할 아브라함의 숨은 동기는 두 가지다. 첫째는 두려움이고, 둘째는 이집트 사람들의 악함을 전제한다는 점이다. 이 단락이 아내를 여동생이라고 속이는 첫 번째 문맥인데 여기서는 그것이 진실인지 거짓인지 뚜렷하게 판단하기 어렵다. 하지만 아브라함의 숨은 동기들을 볼 때, 그 말의 진실성과 상관없이 문맥은 그가 한 말이 부정적인 것임을 암시하는 듯하다.

　　사라: 내러티브의 거의 모든 순간에 등장하는 중심인물이다. 하지만 그녀는 자신의 목소리를 가지고 있지 않다. 그녀는 말하지도, 행동하지도 않는 수동적인 인물이며, 내러티브 내에서 자신의 이름으로 불리기 보다는 3인칭 대명사로 불리거나, 소유격에 묶인 관계적인 용어로만 불린다. 내러티브 속에서 이런 의도적인 침묵은 사라가 다른 사람들에 의해 도구화되어 있다는 사실을 폭로하는 것이다.[24] 그것이 남편에

---

24) 알터, 『성서의 내러티브 기술』, 138-39.

의해서든, 사회적인 현실에 의해서든 말이다.

　　바로: 목소리를 가진 두 번째 주요 등장인물이다. 아브라함이 바로와 애굽 사람들을 악한 사람들로 가정하고 두려워하였지만 그가 예상했던 악함은 실체가 없는 것임이 밝혀진다. 바로의 관점에서 상황을 본다면, 사라를 자신의 아내로 취하는 것은 어쩌면 자연스러운 과정이었을 것이고, 그녀로 말미암아 아브라함을 선대하기까지 했다. 바로왕은 아브라함에게 세 번에 걸쳐 질문을 쏟아냈다 (18-19절). 바로의 말의 진실성 역시 다른 증거가 없는한 우리가 확인하기는 쉽지 않지만, 본문에서는 그가 자신의 결백함과 본인에게 책임이 없음을 매우 강하게 주장하고 있다.

　　여호와: 내러티브에서 하나님은 거의 등장하지는 않지만, 결정적인 역할을 한다. 성경이 하나님의 위대한 행하심을 말하는 것이기에 당연한 일이겠지만, 본문에서 하나님은 등장인물들에게 거의 숨겨져 있으나, 내러티브 흐름 자체를 극적으로 전환시키고 있다. 17절에서 하나님은 단 한 차례, 그것도 직접적인 등장이 아니라 나래이터의 묘사 안에서만 등장한다.[25] 심지어 하나님의 등장을 눈치채는 등장인물이 거의 없을 정도다. 하나님은 아브라함의 아내 사라의 일로 바로와 그 집에 큰 재앙을 내리셨다. 바로는 자신에게 내려진 재앙이 하나님으로부터 말미암았음을 알았을까? 본문에서 자세히 묘사되지 않았지만, 바로왕은 그 재앙이 아브라함의 아내를 취한 것 때문임을 정확히 알았다. 아브라함은 자신의 거짓말이 들통나고 그가 다시 가나안 땅으로 돌

---

25) W. Lee Humphreys, *The Character of God in the Book of Genesis: A Narrative Appraisal* (Louisville: Westminster John Knox, 2001), 86-87; Richard L. Pratt, "Pictures, Windows, and Mirrors in Old Testament Exegesis," *Westminster Theological Journal* 45 (1983), 161-62.

아가게 된 것이 하나님의 개입하심 때문임을 알았을까? 하나님은 거의 모든 등장인물에게 가려져 있고, 나래이터의 서술을 통해 독자들에게만 명확히 드러날 뿐이다.

4.1.2.2. 창세기 20:1-18의 등장인물

나래이터: 창세기 12장 10절 ~ 13장 1절의 첫 번째 전형 장면이 이미 우리에게 주어져 있기 때문에 두 번째로 나오는 이 내러티브는 마땅히 첫 번째 장면의 전제 위에 등장인물을 분석해야 한다. 여기서도 내러티브의 배경, 전환, 의미를 전달하는 주요 역할은 나래이터가 한다. 첫 번째 내러티브에서 아브라함이 사라에게 말하는 대목이 길게 묘사된 것에 비해, 두 번째 내러티브에서는 아비멜렉의 궁정에서 있었던 내러티브로 곧장 달려간다. 분량상으로는 두 번째 내러티브가 훨씬 더 길지만, 내용의 전개 면에서 첫 번째 내러티브에 담겨졌던 많은 내러티브들을 거의 생략해 버렸음을 알 수 있다.[26] 마찬가지로 아비멜렉과 사라 사이에 어떤 일도 일어나지 않았다는 가장 결정적인 정보는 나래이터의 목소리로 우리에게 전달된다 (20:4).

아브라함: 여기서도 아브라함은 자기의 목소리를 가진 중심인물이다. 그는 거짓말을 하기도 하지만, 첫 번째 내러티브와는 달리 아비멜렉을 위해 기도하는 선지자 역할도 한다. 주목할 것은 첫 번째 내러티브에서 아브라함의 목소리는 애굽으로 들어가기 전 계획 단계에서 주어지지만, 두 번째 내러티브에서 아브라함의 목소리는 모든 사건이 드러날 때까지 감춰져 있다. 목소리를 어디에 배치하느냐도 저자가 아브라함을 평가하는 도구로 역할하고 있다.

사라: 사라는 여기서 가장 많이 언급되는 등장인물이며, 대부분

---

26) Hwagu Kang, *Reading the Wife/Sister Narratives in Genesis*, 126-27

의 무대에 등장하는 중심인물이지만, 여전히 수동적이다. 그래도 더 발전하고 있는 모습을 볼 수 있는데, 본문은 최소한 사라가 아비멜렉에게 자신의 목소리를 내었음을 언급하고 있으며 (5절), 16절에서는 아비멜렉이 사라를 2인칭으로 지목하며 말하는 장면도 나온다. 5절에서 사라는 보다 능동적으로 아브라함의 거짓말에 동참했음을 폭로하는 것이고, 16절에서 사라는 대화를 나누는 대상으로 성격(character)이 발전했음을 볼 수 있다.

아비멜렉: 가장 두드러지는 특징은 아비멜렉이 범죄하지 않았다는 사실이다 (4-6절). 이는 하나님, 나래이터, 그리고 아비멜렉 자신의 목소리로 본문 속에서 반복된다. 이로써 아비멜렉의 주장은 믿을만한 것이 된다. 또한 첫 번째와 달리, 두 번째 내러티브에서는 아비멜렉이 꿈속에서 적극적으로 하나님과 대화하는 존재다. 적어도 앞에서 언급된 바로왕보다 훨씬 더 높은 도덕적인 수준을 가지고 있음을 알 수 있다. 아비멜렉이 꿈속에서 하나님의 명령을 받은 후, 아침에 일찍 일어나 잘못된 모든 것을 적극적으로 되돌리는 인물로 묘사된다. 하나님의 사람 아브라함의 도덕적 수준은 더 떨어지고 있으나, 대적자인 아비멜렉은 오히려 더 높이 인정받는 모양새다.

하나님: 첫 번째 내러티브에서 하나님은 나래이터의 서술에서만 등장했지만, 두 번째 내러티브에서는 대단히 적극적이고 신속하게 아비멜렉에게 나타나신다. 아비멜렉이 사라를 취한 바로 그 밤, 사라와 잠자리를 가지기 전에 하나님께서 선제적으로 일하셨다. 이것은 사라에게 이미 말씀하셨던 언약의 후손의 정체성을 지키기 위한 것이다. 게다가 18절을 보면, 하나님께서는 아비멜렉과 대화하시기 전에 이미 기적적인 방법으로 아비멜렉 집안의 모든 태를 닫아 두기까지 하셨다.[27] 저

---

27) 시기적으로 앞서 행한 일인데도 실제 묘사는 사건이 종료된 마지막 순간에 언급

자는 하나님의 적극적 개입하심을 강조하기 위해 실제 사건을 아주 간단하게 처리한 반면, 하나님과 아비멜렉의 대화 장면을 길게 묘사한다. 하나님은 적극적으로 당신의 백성을 지키시는 신실한 분이시다. 본문에서 하나님의 일하심은 이방 왕 아비멜렉에게는 분명히 드러났지만, 아브라함에게는 여전히 숨겨져 있다. 아비멜렉이 아브라함을 불러 자초지종을 물을 때에도 자신이 꿈속에서 하나님을 만났는지에 대해서는 일절 밝히지 않았다. 내러티브 안에 있는 모든 등장인물과 독자는 하나님의 등장을 알고 있지만, 정작 주인공인 아브라함은 하나님의 개입하심을 제대로 이해하지 못했을 것이다.[28]

4.2. 사라는 아브라함의 누이인가?

아브라함은 아비멜렉 앞에서 사라가 실은 자신의 이복 여동생인데, 아내가 되었다고 주장한다. 아브라함의 이 주장과 아내/여동생 내러티브의 전형 장면에서 반복적으로 나타나는 주제로 인해 많은 사람들은 문자 그대로 사라가 아브라함의 아내라고 생각한다.[29] 반대로 그 주장이 어떤 이유이든 진실이 아니라고 말하는 사람들도 있다.[30] 그러

되는데 이를 회상 기법 (Flashback)이라고 한다. 성경 내러티브가 이런 방식으로 어떻게 독자를 설득하는지에 대해 Sternberg, *The Poetics of Biblical Narrative*, 441-81을 보라.

28) Humphreys, *The Character of God in the Book of Genesis*, 129

29) Claus Westermann, *Genesis12-36* (Minneapolis: Augusburg Publishing House, 1981), 326; E. A. Speiser, *Genesis* (Garden City and New York: Double Day, 1982), 92-3; Gerhard Von Rad, *Genesis: A Commentary* (Philadelphia: The Westminster Press, 1972), 229.

30) Joseph Blenkinsopp, *Abraham: The Story of Life* (Grand Rapids: Eerdmans,

나 성경 어디에도 명시적으로 아브라함과 사라가 배다른 남매지간이라는 사실을 확증하거나 부인하지 않는다는 사실을 인정해야 한다. 그러므로 아브라함의 말의 진실성의 결정하기 위해 몇가지 중요한 질문을 던질 필요가 있다.

4.2.1. 나래이터와 하나님

말의 진실성을 확증할 수 있는 가장 높은 단계에 속한 나래이터, 혹은 하나님이 두 사람의 관계에 대해 어떤 형태로든 밝히고 있느냐는 점이다. 먼저 창세기 11장 31절을 주목해야 한다. 나래이터는 사라의 가족적 배경을 설명할 때 "데라가 … 그의 며느리 아브람의 아내"라고 소개했다. 명백한 사실은 나래이터가 데라와의 관계를 말할 때 그의 딸이 아니라 며느리라고만 언급했다는 점이다. 그리고 이것은 창세기 11장 27-32절에서 데라의 가계에 나타나는 세 여인 중 유일하게 아버지가 특정되지 않은 예다. 창세기 20장에서는 하나님께서 사라에 대해 언급하실 때 "그는 남편이 있는 여자"(3절)라고 말씀하고 또 "그 사람 (아브라함)의 아내"라고 지칭하신다. 나래이터 역시 사라를 언급할 때는 항상 "그의 아내"라는 표현을 사용한다 (2, 14, 18절). 전체 문맥에서 나래이터와 하나님이 사라에 대해 언급하는 장면에서 그녀의 정체성은 "아브라함의 아내"다. 물론 이것만으로 사라가 아브라함의 이복 여동생이 아님을 확

2015), 29; Amy Kalmanofsky, *Dangerous Sisters of the Hebrew Bible* (Minneapolis: Fortress Press, 2014), 95; Schneider, *Sarah: Mother of Nations*, 89; Sharon Pace Jeansonne, *The Women of Genesis: From Sarah to Potiphar's Wife* (Minneapolis: Fortress Press, 1990), 26; David J. A. Clines, *What Does Eve Do to Help? And Other Readerly Questions to the Old Testament* (Sheffield: JSOT Press, 1990), 76; Turner, *Announcements of Plot in Genesis*, 65; 빅터 해밀턴, 『창세기 II』, 임요한 역 (서울: 부흥과 개혁사, 2018), 97-8.

증하는 것은 아니다.

4.2.2. 아브라함

만일 나래이터와 하나님의 목소리에서 확증할 수 없다면 아브라함의 독백이나 마음의 생각으로는 가능한가? 아브라함의 말은 11-13절에서 크게 세 가지 형태로 나타난다. 첫째는 아브라함이 행동하게 된 마음의 동기를 설명하는 것이요 (11절), 둘째는 실제 아브라함이 아내를 여동생이라고 속인 외적인 말이요 (12절), 마지막 셋째는 자신들이 이방 땅을 다닐 때마다 어떻게 행동할지 지침을 정해둔 것이 있음을 말하는 대목이다 (13절). 아브라함의 마음의 상태는 11절에서 알 수 있다: "아브라함이 이르되 이 곳에서는 하나님을 두려워함이 없으니 내 아내로 말미암아 사람들이 나를 죽일까 생각하였음이요." 아브라함이 아내를 여동생이라고 부른 마음의 동기는 그 지역 사람들이 하나님을 두려워하지 않기 때문에 자신의 목숨을 장담할 수 없다는 두려움이 있었기 때문이다. 이것은 사실 8절에서 평가된다. 8절은 아비멜렉과 그 백성들이 하나님의 일을 듣고 "심히 두려워하였더라"고 말씀한다. 아비멜렉의 두려움과 아브라함의 두려움은 본문 안에서 대조된다. 하나님의 백성이 하나님보다 이방 왕을 더 두려워하는데, 정작 이방 왕은 하나님을 두려워한다는 것이 큰 아이러니다. 이런 맥락으로 볼 때 11절에서 가졌던 아브라함의 속마음은 믿을 만한 내용이 아닐 뿐더러, 주변 문맥에서 거짓으로 판명났다.

세 번째로 아브라함이 말한 대목도 의심스럽다. 아브라함은 자신이 여러 땅을 방황하는 것을 "하나님이 … 두루 다니게 하실 때"라고 말한다. 여기서 표현된 '하나님'은 복수형으로 표현되었기 때문에 여호와 하나님을 지칭하기보다는 '신들'을 뜻할 수 있다. 또한 복수형 동사가 히브리어 동사 문법상 히필 형으로 표현된 것도 문제다. 정말 아브라함은 하나님이 자신을 방황하게 만드는 주체로 생각했을까? 아마도 아브라함이 이방 왕 아비멜렉에게 말하는 상황이었기 때문에 이방 왕의 관점에 자신을 맞추기 위해 노력한 흔적으로 보인다. 그렇다면 11절에 이어 13절 역시 아브라함의 말을 진실된 것이라고 인정하기 어렵다.

이런 문맥의 한 가운데 있는 12절의 말은 얼마나 신뢰할 만할까? 아브라함이 실제 마음의 두려움 때문에 자신의 목숨을 구하기 위해 거짓말을 했다는 사실은 명백하다. 그 두려움을 피하기 위해 말한 12절의 내용도 일정 부분 신뢰하기 어려울 뿐더러, 11-13절에서는 자신이 하나님을 두려워하지 않고 오히려 이방 왕을 두려워하여 거짓을 말했음을 인정하지 않고 철저하게 변명으로 일관하고 있다. 아브라함이 말한 세 가지 변명 중에 두 개의 진실성이 무너진 상황이라면, 사라가 진짜 자신의 이복 여동생이라는 나머지 말 역시 진실성을 담보할 수 없게 된다. 아브라함은 명백하게 거짓을 말했고, 그 거짓을 정당화하기 위해 변명하고 있을 뿐이다. 아브라함의 상황을 볼 때 이 거짓말을 정당화하는 그의 변명이 진실로 평가받을 근거는 없어 보인다.

4.2.3. 아비멜렉

본문에 등장하는 아비멜렉의 캐릭터는 여러 면에서 아브라함과 대조적이다. 먼저 아비멜렉은 하나님께서 그에게 나타나셨을 때 자신의 무죄를 강력하게 주장한다. 그는 "주여 주께서 의로운 백성도 멸하시나이까"라고 말했다 (4절). 이 말씀은 하나님께서 소돔성을 멸망하려는 뜻을 아브라함에게 보이셨을 때, 아브라함이 거듭 하나님께 말씀드린 내용과 매우 흡사하다 (창18:23, 25절). 아브라함의 주장은 하나님으로부터 받아들여졌기 때문에 그가 했던 말은 신뢰할 수 있을 것이다. 그렇다면 우리는 창세기 20장 4절의 아비멜렉의 말도 믿을 만한 내용을 담고 있는 것으로 가정할 수 있다. 창세기 20장 6절에서 "네가 온전한 마음으로 이렇게 한 줄을 나도 알았으므로 너를 막아 내게 범죄하지 아니하게 하였나니 여인에게 가까이 하지 못하게 함이 이 때문이니라"고 하나님께서 말씀하심으로 명백하게 아비멜렉의 말의 진실성은 명백하게 확인할 수 있다.

아내가 사실은 여동생이라는 아브라함의 변명을 들었을 때 아비멜렉은 그 말을 얼마나 믿었을까? 아브라함의 변명을 들은 아비멜렉은 자신의 정당함을 입증하듯 아브라함을 관대하게 대우한다. 아브라함이 자신의 땅에 계속 거주하도록 허락했고, 사라의 수치를 가리기 위해 후한 보상금도 주었다. 그리고 사라에게 "내가 은 천 개를 네 오라비에게 주어서 그것으로 너와 함께 한 여러 사람 앞에서 네 수치를 가리게 하였노니 네 일이 다 해결되었느니라"고 말한다. 여기서 아비멜렉이 사라에게 아브라함을 언급할 때 "네 오라비"라고 표현하고 있음에 주목해야 한다. 20장 문맥에서, 아브라함을 제외한 모든 등장인물이 사라를 아브라함의 아내로 부르고 있는데, 오직 이 본문에서만 아비멜렉이 아브라함을 "네 오라비"로 지칭한다. 이는 아비멜렉이 아브라함의 말을 믿었다는 뜻이 아니다. 하나님께서 사라가 아브라함의 아내인 것을 알려주셨고 (7절). 아비멜렉이 사라를 아브라함에게 돌려 보낼 때 "그의 아내 사라"를 그에게 돌려보냈다는 사실을 언급한다 (14절). 다시 말해 아비멜렉은 사라를 아브라함의 아내로 인식하고 있으면서도 실제로 사라를 지칭할 때는 "네 오라비"라고 한 것이다. 따라서 아비멜렉이 한 "네 오라비"라는 말은 실제로 신뢰할 만한 내용은 아니다. 대신 그가 이런 표현을 쓴 이유는 아브라함이 본인을 오라비로 속였던 것을 상기시킴으로써 자신의 불편한 마음을 조롱섞인 표현으로 드러낸 것이다.[31] 결국 이 표현은 아브라함과 사라의 관계를 명확히 보여준다기보다는 그렇게 주장했던 아브라함의 거짓됨을 오히려 부각시키는 측면으로 해석할 수 있다.

이제 마지막 한 가지를 언급할 때다. 등장인물의 말이 얼마나 참된지를 판단하기 위해서는 두 가지를 구분해야 한다. 첫째는 등장인물이 자신의 말이 거짓임을 믿고 있으면서 거짓을 말하는 경우고, 둘째는 등장인물이 자신의 말이 진실되다고 믿지만, 문맥에서 그것이 부정되는 경우다. 등장인물이 마음으로 진실임을 믿거나 진정성을 가진 소망을 표현한다 할지라도, 내러티브 문맥 안에서 진실되지 않은 것으로 결론이 나는 경우가 있다. 앞서 언급했던 것처럼, 하나님께서 아브라함에게 일 년 후 아들을 주겠다고 말씀하셨을 때 아브라함은 속으로 불신앙적인 웃음을 지으며, "이스마엘이나 하나님 앞에 살기를 원하나이다"라고 말했다 (창17:18). 이스마엘이 하나님 앞에서 살아가기를 원하는 아브라함의 마음은 참되다고 할 수 있으나, 그 말 자체는 내러티브 문맥 안에서 진실성이 없는 것으로 판단되어야 한다. 마치 요나가 "나는 히브리 사람이요 바다와 육지를 지으신 하늘의 하나님 여호와를 경외하는 자로라"고 말한 것이 요나 자신의 마음에서는 진실된 고백이라 할지라도 내러티브는 그가 자신의 말과는 반대로 행동하고 있음을 폭로하는 것과 같은 이치다.[32] 아브라함의 말에 그대로 적용해보면 아브라함의 내적 진실됨 여부와 상관없이 내러티브는 그의 이 말을 진실로 여기지 않고 있다고 결론지을 수 있다.

---

31) 고든 웬함, 『창세기 17-50』, 윤상문, 황수철 역 (서울: 솔로몬, 2010), 178-79.

32) 박철현, 『깨진 토기의 축복』 (서울: 솔로몬, 2012), 355-91. 박철현은 요나의 이 고백을 내러티브 안에서 얼마나 신뢰할 수 있는 말인지에 대해 아주 훌륭한 논증을 한다. 그는 요나가 자신의 정체성에 대해 한 1:9의 말은 진실되지만, 나래이터는 그것을 인정하지 않는다고 결론짓는다.

5. 결론

　　이 글을 통해 우리는 아브라함이 창세기 20장 12절에서 했던, "그는 정말로 나의 이복 누이로서 내 아내가 되었음이니라"는 표현이 얼마나 신뢰할 만한지를 판단하고자 했다. 내러티브가 명확하게 밝히지 않기 때문에, 아브라함이 내적 진실성을 가지고 있는지 우리가 최종적으로 확증할 수는 없다. 하지만 이 글에서 본문의 문맥과 나래이터를 포함한 다른 등장인물들과의 관계와 유비를 통해 아브라함의 말의 진실성을 판단할 수 있었다. 사라가 자신의 이복 여동생이라는 아브라함의 주장은 내러티브 안에서 인정되기는 어렵다. 사라의 정체성을 "여동생"으로 인정하는 것은 아브라함 본인 외에는 아무도 없기 때문이다. 특히 나래이터와 하나님께서 일관되게 사라를 아브라함의 "아내"로 인정하고 있다는 사실과 창세기 20장에 드러난 아브라함의 영적인 상황이나 말이 상당 부분 자기 변명적이거나 부정적이라는 사실을 주목한다면 더욱 분명해 진다. 실체적 진실과 상관없이 그가 내러티브 안에서 명백히 거짓말을 했고, 그 거짓이 드러났을 때도 변명으로 일관하고 있었을 뿐이다.

참고 문헌

박철현. 『깨진 토기의 축복』. 서울: 솔로몬, 2012.

알터, 로버트. 『성서의 내러티브 기술』, 황규홍. 박영희. 정미현 역. 서울: 아모르 문디, 2015.

웬함, 고든. 『창세기 17-50』, 윤상문. 황수철 역. 서울: 솔로몬, 2010.

채트먼, S. 『내러티브와 담론: 영화와 소설의 서사구조』, 한용환 역. 서울: 푸른 사상, 2012.

톨미, D. F. 『서사학과 성경 내러티브』, 이상규 역. 서울: CLC, 2008.

해밀턴, 빅터. 『창세기 II』, 임요한 역. 서울: 부흥과 개혁사, 2018.

Alexander, T. D. & D. W. Baker (Eds.). *Dictionary of the Old Testament: Pentateuch.* Downers Grove: InterVarsity Press, 2003.

Amit, Yairah. *Reading Biblical Narratives: Literary Criticism and the Hebrew Bible.* Minneapolis: Fortress Press, 2001.

Bar-Efrat, Simons. *Narrative Art in the Bible.* Sheffield: The Armond Press, 1989.

Berlin, Adele. *Poetics and Interpretation of Biblical Narrative.* Winona Lake: Eisenbrauns, 1994.

Blenkinsopp, Joseph, *Abraham: The Story of Life.* Grand Rapids: Eerdmans, 2015.

Cassuto, U. *A Commentary on the Book of Genesis, Part II.* Jerusalem: The Magnes Press, 1964.

Clines, David J. A. *What Does Eve Do to Help? And Other Readerly Questions to the Old Testament.* Sheffield: JSOT Press, 1990.

Culley, Robert C. *Studies in the Structure of Hebrew Narrative.* Philadelphia:

Fortress Press, 1976.

Fleming, D. M. "The Divine Counsel as Type-Scene in the Hebrew Bible." Ph.D. Diss., Southern Baptist Theological Seminary, 1989.

Foster, E.M. *Aspects of the Novel.* San Diego: A Harvest Book, 1927.

Fuchs, Esther. "Structure, Ideology and Politics in the Biblical Betrothal Type-Scene." Pages 273-81 in *Feminist Companion to Genesis.* Sheffield: JSOT Press, 1993.

Harvey, W. J. *Character and the Novel.* New York: Cornell University Press, 1968.

Hess, Richard S. "Iscah (Person)," in *The Anchor Bible Dictionary* 3:509.

Humphreys, W. Lee. *The Character of God in the Book of Genesis: A Narrative Appraisal.* Louisville: Westminster John Knox, 2001.

Jeansonne, Sharon Pace. *The Women of Genesis: From Sarah to Potiphar's Wife.* Minneapolis: Fortress Press, 1990.

Kalmanofsky, Amy. *Dangerous Sisters of the Hebrew Bible.* Minneapolis: Fortress Press, 2014.

Kang, Hwagu. *Reading the Wife/Sister Narratives in Genesis: A Textlinguistic and Type-Scene Analysis.* Eugene: Pickwicks Publications, 2018.

Mathews, Kenneth A. *Genesis 11:27-50:26.* NAC. Nashville: Broadman & Holman Publisher, 2005.

McMahan, Craig Thomas. "Meals as Type-Scenes in the Gospel of Luke." Ph.D. Diss., Southern Baptist Theological Seminary, 1987.

Pratt, Richard L. "Pictures, Windows, and Mirrors in Old Testament Exegesis." *Westminster Theological Journal* 45 (1983): 156-67.

Rad, Gerhard Von. *Genesis: A Commentary.* Philadelphia: The Westminster

Press, 1972.

Sarna, Nahum M. "The Anticipatory Use of Information as a Literary Feature of the Genesis Narratives." Pages 76-82 in *The Creation of Sacred Literature: Composition and Redaction of the Biblical Text*. Edited by Richard E. Friedman. Near Eastern Studies. Berkeley: University of California Press, 1981.

Schneider, Tammi J. *Sarah: Mother of Nations*. New York: Continuum, 200.

Speiser, E. A. *Genesis*. Garden City and New York: Double Day, 1982.

Sternberg, Meir. *The Poetics of Biblical Narrative: Ideological Literature and the Drama of Reading*. Bloomington: Indiana University Press, 1987.

Turner, Laurence A. *Announcements of Plot in Genesis*. Sheffield: Sheffield Academic Press, 1990.

Westermann, Claus. *Genesis12-36*. Minneapolis: Augsburg Publishing House, 1981.

Williams, James G. "The Beautiful and the Barren: Conventions in Biblical Type-Scenes." *Journal for the Study of the Old Testament* 17 (1980): 107-19.

Zucker, David J. *The Matriarchs of Genesis: Seven Women, Five Views*. Eugene: Wipf & Stock, 2015.